怎样指导儿童写作

沐绍良 著

沐宁勝题

西苑出版社
XIYUAN PUBLISHING HOUSE
·北京·

图书在版编目（CIP）数据

怎样指导儿童写作 / 沐绍良著. -- 北京：西苑出版社，2023.9
ISBN 978-7-5151-0889-6

Ⅰ.①怎… Ⅱ.①沐… Ⅲ.①作文课－中小学－教学参考资料 Ⅳ.①G634.343

中国国家版本馆CIP数据核字(2023)第073145号

怎样指导儿童写作
ZENYANG ZHIDAO ERTONG XIEZUO

策划编辑	赵　晖　樊　颖
责任编辑	樊　颖
装帧设计	黄　尧
责任印制	陈爱华
出版发行	西苑出版社
地　　址	北京市朝阳区和平街11区37号楼　邮政编码：100013
电　　话	010-88636419
印　　刷	三河市嘉科万达彩色印刷有限公司
开　　本	880mm×1230mm　1/32
字　　数	70千字
印　　张	4.5
版　　次	2023年9月第1版
印　　次	2023年9月第1次印刷
书　　号	ISBN 978-7-5151-0889-6
定　　价	40.00元

（图书如有缺漏页、错页、残破等质量问题，请与出版社联系）

自 序

目前青年儿童们写作能力的低落,已成为一种极普遍极严重的现象,不仅是应用的文章写不好,就连一般抒情记事的文章,也往往只能写一些新式滥调,而又似通非通,甚至不堪卒读。

因此有不少关心青年前途的人,觉得这种现象的造成,应归咎于中学的国文教学,是中学国文教师的责任。其实青年们写作能力的低落,中学里的国文教师固应负责,小学里的国文教师尤应负大部分的责任;因为这许多青年们,当其在儿童时代时,根本未曾获得写作的基础能力,甚至连标点符号也不能正确使用,则在进入中学之后,又怎能希望他们写作通顺的文章呢?

对此现象,著者以为要谋补救非从加强儿童的写作教学入手不可。本书撰述的动机，即基因于此，惟著者初时仅拟就儿童写作的疾病施以治疗，以后经进一步诊察的结果，始知这一疾病的形成，牵涉甚广（例如与国语教师自身的修养，也有关系），因此不得不将撰述的范围，稍稍扩大。其中所述，容有不妥之处，静候读者诸君明教。

又本书举例，承本市小学界诸先生热心征集，谨志谢忱。

沐绍良
1947 年 8 月 5 日序于沪寓

目录

一　今日儿童的写作成绩　/　001

二　写作的师资问题　/　007

三　文言文、语体文和白话　/　014

四　阅读与写作　/　021

五　提高儿童的写作兴趣　/　027

六　写作的初步教学　/　033

七　写作的命题（上）　/　040

八　写作的命题（下）　/　049

九　思想的整理和剪裁　/　055

十　字汇的吸收和运用　/　063

十一	抒情文 / 069
十二	说明文 / 075
十三	叙事文 / 080
十四	议论文 / 086
十五	应用文 / 091
十六	不通和不切题 / 095
十七	批改的原则和方法（上）/ 102
十八	批改的原则和方法（下）/ 108
十九	错字和白字 / 114
二十	标点符号 / 124

一　今日儿童的写作成绩

"今日儿童的写作能力如何？"这个问题，不但为许多小学教师所关心，而且也为许多有儿童的家长所关心。尤其令人感兴趣的是，近来儿童们在自己的作文簿里，常常会写下"我们是国家未来的主人翁"这句话，可见在他们的脑海中，也已意识到自己今后在社会上所处的地位和所负的使命。然而，儿童究竟是儿童，他们在今天，至多不过知道将来是"国家的主人翁"罢了；至于做主人翁必须具备的各种基本能力，他们却不能自行获得，有待于教师和家长去指导他们。写作能力和阅读能力一样，实在是每个国民应有的基本能力之一，无怪许多教师和家长，对此表示非常的关切了。

目前国步艰难，民生凋敝，全国的儿童在小学毕业之后，能够继续升学的，仅占着一个极小的数目；大多数的小学毕业生，不得不从此离开学校，即以小学时代学得的一些知识技能，投身到社会上去，谋其立足和发展。因此每一个贤明的教师或家长，都不难想到苦命的中国儿童，他们只能受到短短的六年的教育，身为师长的应该如何努力教导，使他们的各种基本能力，能够在六年中间一一获得。特别是写作能力，因为跟他们未来的生活和事业有密切的关系，应该如何使他们达到能够充分发表思想和意见的程度。

一个小学毕业生，不一定要学会写小说、诗歌等文艺作品，却必须能写日常应用的普通文章。平时眼睛看见的，耳朵听到的，心里想到的、悟到的，要记时就能记下来，不会走样，而且文字上也没有毛病（没有不通的文句、错字和别字）；拿给别人一看，别人能看懂，那就成了，就可以说是已经有了写作的基本能力了。

然则，今日儿童的作文能力，究竟如何呢？下面是几个实例，都是未经改过的儿童作品：

【例1】

游 公 园

三年级生

　　有一天伯父带着我和许多小朋友游玩公园，一走进去看见许多青草铺满地上，我们走过青草地，就看见一条弯弯曲曲的小溪，小溪的旁边是一座山，从山顶上喷出许多水，我看了非常快乐。公园游人特别多，我们想找一张椅子坐坐都找不到，只得坐在青草地上。有些游人们带着摄影机拍小照，每棵树上都订了一块牌子，上面写着要爱护公物，我们玩了半天就回家去了。

【例2】

新年的一天

四年级生

　　新年是我国儿童最快乐一日，当时全国各地，儿童都在祝贺新年的意思。
　　这天儿童们，都穿著整齐美丽的新衣，大家相见，都很笑喜喜的说：恭喜发财，祝你今年养个活泼的儿子，然后我和邻家小朋友,到外面去游玩,看见路上一般"赌钱的人,万分可恶,就是有了金银财宝家财,也不他们赌,赌完了,变成一个可怜丐乞。"

各处,听到锣鼓、炮仗的声响,行人、车子来往很多,同时,戏院,和公园都挤满人民。经过的地方十分热闹。

【例3】

儿童节的回忆

五年级生

光阴迅速过去,一年一度的儿童节已经过去了,各富家的孩子们在这一天兴高采烈,或是看电影或是游公园,因为我们都是幸福的儿童,是父母抚养,使我们丰衣足食过快乐的日子,但是我们要知道,在此时此地的上海有许多像我们一样年龄的儿童,为了父母丧亡,家园破碎,正在过着人间无上的悲痛日子,那里能享受儿童节的快乐,唉!我们一样是中华的儿童,为什么彼此的遭遇不平到如此悬殊呢!我们一定要帮助他们,使他们有求学上进的机会,因为他们也是中国未来的主人翁呢!

【例4】

归乡一日记

六年级生

　　轰……轰的响着,我回到我的故乡湖北黄陂,坐在飞机上,俯头向下望着,几乎吓了一吓,多么小的房子啊!一切都改变了形象,完全都缩小了,河流,山脉,房屋都像我们平常所做的一样大小。

　　哈哈故乡快到了,飞机停在武昌飞机场,出了飞机,通通改变了我的眼光,一片青绿色在我的面前,在我脑海中,只知是人烟稠密的,一片绿田,瞬时,过了江,到了汉口,汉口系我故乡的邻市,到故乡还有一百余里路。

　　到了汉口,便搭公共汽车到故乡黄陂,在一个昏沉的下午,便到了故乡黄陂,眼见高大的城墙,直立在我眼前,我糊糨糊涂走出车外,一片叫喊声,我停了脚步,抬起头一看,才知到了故屋。

　　以上每一年级举一例,都是随手举来,并未经过挑选。应该附带说明的是,各篇的写作程度,都表示为处在每一年级的下学期;像《归乡一日记》的作者,已经面临毕业大典了。

就以上所举四例来说，我们对于今日儿童的写作能力，实不能认为满意；至如《归乡一日记》的作者，就其写作这一种基本能力而论，也可说还未到毕业的程度。试把四篇文章的毛病归纳起来，可得下列各点：（一）标点能力没有（例1、2、3、4）；（二）分段能力没有（例1、3）；（三）措辞造句的能力还很拙劣（例1、2、3、4）；（四）有错字或别字（例2、3、4）；（五）对于时间和空间，没有说明交代的能力（例1、2、4）；（六）文不对题（例3）；（七）尚未明白文章与说话的差异（例1、2、3、4）；（八）不知剪裁素材（例1、2、3、4）。

其中第二点跟思路不清有密切的关系，因思想的发展没有先后层次，自然缺乏分段能力了。第七和第八两点，似乎是著者的苛求，但其实要养成健全的写作基本能力，这两项条件是必须具备的（参见第三、第九各节）。

近来常有人慨叹中学生写作能力的低落，却不知中学生写作能力之所以低落，正因为他们在小学时代没有养成健全的写作基本能力之故。同时我们还要追究：为什么小学生的写作能力这样拙劣呢？这就不能不请问负责教导小学生写作的教师了。

二　写作的师资问题

　　平心而论，儿童作文成绩的低落，实在是我们教师的责任。这责任虽然可以分一些给家长，说家长不肯协力指导；也可以分一些给儿童自己，说儿童不肯认真用功；但主要的责任还是在教师身上，推诿不了。

　　要做一个贤明的写作导师，的确不很容易。导师自己不会写文章，固然不能指导写作；就是自己的文章写得很好，也未必就是理想的写作导师。我们常见有些教师，在批改儿童作文的时候，把儿童的原稿大刀阔斧地改削，甚至批改的结果，面目全非，等于教师替儿童重做了一篇。试问这样的导师，是不是理想的导师呢？若论这篇批改后的文章，因为教师擅长写作，当然改得再好没有了；可是这种批改法之对于儿童，又何尝有什么好处？

所以著者以为一个理想的写作导师，主要的还在于他能好好地批改儿童作品。他必须懂得文章的构造方法，素材的选取和剪裁方法，全文分段（分节）的方法，文句构造的方法，纠正儿童写错字别字的方法。再进一步，他还该有诊断每一个儿童特有的写作疾病的能力，能随时加以个别指导。更进一步，他应该能够保护和培养儿童作品中特有的儿童语（一种并不悖乎文法的天真语言）和特有的儿童思想（一种并不悖乎逻辑的天真思想）。因为儿童自有儿童的世界、儿童的天地，他们的生活和思想，足以完成一种特有的可爱的文体；可惜我们做教师的，往往对于这些地方，非但不知鼓励，反而随便摧残，硬逼他们少年学老成，这实在是非常可悲的一件事。关于这一点，如果不举实例，也许读者还不能明了，现在试举两例于下：

【例 5】

雨天的感想（已改）

五年级生

星期日清早起身，听见屋上滴得滴得的雨声。

我心里想:"天呀,你为什么总是在星期日下雨呢?星期日正是我们儿童散心的日子,平常在校中读书,只有星期日放假,你却偏偏在星期日下雨。一下雨,我们可就不能散心了。而且不能散心的人,不是我一人,是全国儿童都是如此。所以请你下一次不要在星期日下雨吧!其实在平日下雨,也不是一件最好的事情;最好是一年四季都不要下雨。"

可是我细想起来,不下雨,对于田里却有害处。所以下不下,实在教雨也为难了。

【例6】

怎样做个好学生(已改)

四年级生

怎样做个好学生?应该要做到八个条件:第一,品行要端正;第二,要用心读书;第三,注意卫生;第四,要孝顺父母;第五,要爱护公物;第六,对人有礼貌;第七,服务要勤劳;第八,要有做好学生的决心;这八条,都是做好学生的信条。

还有是已经做了坏学生,再改为好学生,有两条:

第一，要改过；第二，要懊悔。

这两条做到以后，再实行上面八条，就可以做好学生了。

以上两例，著者不过就原稿增删改易数字，未曾大改，已觉得很不错了。若照成人的眼光来看，例5"散心"要改，"全国的儿童"要改（因为下雨时未必全国各地都有雨），"下不下"要改。例6"要懊悔"要改。可是这许多地方，除"散心"一词为地方语外，都是儿童天真可爱的句法，我以为改了反而弄巧成拙。像"全国的儿童"一语，我们若轻易把它改了，并不对原作者告诉改去的原因，则原作者必起反感。这一种错误，在儿童知识增加之后，自然会改正的。而就写作观点来说，这种文句，倒毋宁是儿童思想能够驰骋的明证，应该加上密圈才对！

儿童在写作的时候，错误是难免的；对于那些错误，教师必须有辨别和处理的能力。天真可爱的儿童语，固不宜一律认为错误而随便抹煞，就是真正的错误，在发现之后，也应该研究其所以造成错误的原因，施以对症下药的处理，务使改正之后，不会重犯。例如文章中脱落的字，是因为儿童在写作时漫不经心而遗漏的，教师宜告诉这一类儿童，在每次文章写成之后，应该自己重读一遍，看有脱落的字句没有，有则自动补上，然后交卷。这一种的习惯，颇为重要，教师应使儿童养成。又如"丧"字误写"衺"（见例3），是因为儿童写惯了"表""衣""裳"一类的字之故，教师应说明"丧"字的下半，万不可照此类推；应该像"畏"字一样的写。又如"糊里糊涂"误写"糊粴糊涂"（见例4），其中的"粴"显然是受了"糊"的影响才错误的，因为中文有许多词，如"褴褛""活泼""踟蹰""玲珑"等等，往往作同一的偏旁，这一写作者就受了它们的暗示而上当了。我们若能告诉他，中文中另有一群词，构造并不这样整齐，必须特别留心，如"整齐""忍耐""刚强""快乐"等，儿童当易领悟。

可是今日的教师，能够这样耐心教导儿童的，恐怕不多。与此相反，我们却常见这样的教师——

有一个儿童的作文簿里写着："春之神已经到了大地，残暴的凶恶的冬神是被她赶走了。"教师认为是好文章，分数批得很多。又有一个儿童的作文簿里写着："各种花草，有的已经开放，有的含苞待放，香味四溢，非常可爱。"教师也认为是好文章，分数批得很多。其实诸如此类的文章，不是玩弄白话八股，就是酸溜溜的掉文；非但绝无可取，而且常出毛病。如后一例，"花"固然能含苞，能开放，草怎能含苞，怎能开放呢？"可爱"起于视觉；香味四溢，至多引起食欲罢了，二者有什么关系？一个教师若专在这方面鼓励儿童掉文做八股，岂不是误人子弟，坠入魔道？

更罪过的，是教师往往在无意之间，逼迫儿童在写作时撒谎。造成这种罪恶的主要原因，是教师在上作文课时，想不出好题目，结果随便写了《记一件悲痛的事》或《儿童节的回忆》之类，硬逼儿童交卷。儿童没有办法，只得乞灵于撒谎。有一个儿童在《故乡的回忆》中写道："我在家里的时候，常和弟弟到野外去拔草。"这不是一句很明显的谎话么？学习写作是一件多么正经的事情，结果却教儿童走上撒谎的路，这又是多么可悲啊！

不过像上面所述的弊端和过失，我想任何一个教师，也绝不会故意这样做的，无非是因为教师自己不知，或者在无可奈何的情形下，才造成这样的结果。这在著者看来，应该可以原谅，却也必须改进。

但是另外还有一点，著者以为今日的教师们实在难辞其咎。那就是写作所用的标点符号，教师应该可以教会儿童的，却也不教。大概不愿教导儿童使用标点符号的教师们，认为这种符号，不过是一种玩意儿，是一种雕虫小技，不值得当作教材吧？不然，这一种儿童很容易领悟的东西，为什么今日多数的儿童，还不能正确使用？

凡是贤明的教师，一定都知道标点符号在写作上有很大的用处。把这些符号的使用方法教给了儿童，不但儿童终身受用不尽，就是教师自己在以后批改文章的时候，也可以省力不少。至于教会使用方法所需的时间跟精力，我想是不会很多的。

三　文言文、语体文和白话

尽管大家说文言文已经是死了的语言，可是今日的小学校里，仍有采用文言文作教材的。甚至有一些迷恋"骸骨"的师长，还在教儿童写作文言文。他们以为语体文不驯雅，其实文言文在发生流行的当时，又何尝驯雅过。拆穿了讲，这些迷恋"骸骨"的人，因为自己不能写语体文，感到一种没落的恐慌，才有这一种固执的行动。对于这种行动，一个贤明的教师，当然是一笑置之，绝不会去盲从附和，同流合污的。

在文言文和语体文药石乱投之下，儿童的写作成绩就闹出了许多笑话，不但"香味四溢，非常可爱"（见前两节），而且更有"人生在世，都是母亲生养下来的"的妙句；至于整篇的文章，可看下例：

【例7】

书信（未改）

四年级生

祖父母大人尊前敬禀者，自从邦别以来，已有数月，孙很是想念，前月家乡来人，谈说二位　大人，在家一切平安，我的心里非常欢喜，望　大人在家，好好的修养自己身体，不要超科别事，孙在校读书，一切都好，我们的学校，设立很是完备，各位老师，都很尽力地来教育我们，非常爱护同学希望　大人不要挂念，敬请
福安

孙修成叩上某月某日

可是在教师群体中，我们又不难发现另一类不懂语体文的人。他们因为一般人常称语体文为白话文，就误以为那些文字就是平常嘴里所说的白话。于是在教导儿童写作的时候，就告诉儿童："你们心里要说什么话，照样用文字写在纸上，就成为很好的文章了。"

于是儿童们在读书的时候，就只注意吸收单字，以备写作时之需。因为他们在写作时感到困难的，本来只

有一些单字写不出。若每一句心里要说的话,都可用文字写出来,此外还有什么困难呢?结果儿童们就写出这样的文章:

【例8】

我的母亲(未改)

四年级生

我的母亲,很是欢喜我,关心我吃的东西和穿的衣服,我每天上学去,我的母亲很早起来,煮点心给我吃,放午饭我迟了,母亲就望我回来,一同吃饭,我放学回家,母亲点心买好给我吃,晚上母亲陪我做功课。我的母亲一天到晚地忙碌,还要替我做衣服鞋袜给我穿,母亲这样爱护我,我应该用功读书,我总是不忘记母亲的恩惠。

【例9】

我的朋友(未改)

四年级生

我们一个人生在世界上,都应该有朋友,我们有许多事情，都要靠朋友帮助，俗语说："在家靠父母，出外靠朋友。"可是，要看朋友的行动，是好是坏，不好的朋友不可以多交，在世界上有许多人被朋友带坏。

我有许多朋友，有两个朋友和我最亲近，而且住在一个弄堂里，一个名叫张长生，一个名叫朱家荣，张长生是一个很好的小学生，他在母校里时常考中第一名，他在母校里的老师也很爱他，同学也很爱他，他在家里也不顽皮，又不使别人讨厌，他在无事中，时常做出使人一见就欢喜的玩具，所以他是我最好的朋友。

朱家荣和他就大不相同了，他是一个最坏的小学生，他在母校中时常留级，而且老师也很讨厌他，同学又不和他交好，他在家的时候，人人都讨厌他，他时常做出不正当的事情，并且做错了事情，还说没有错，我时常劝他，他终是不听良言，后来他越变越坏，我就和他断绝来往了。

像以上两例，假如说"语体文"就是"用文字写在纸上的白话"，则都无疑是上好的作品，简直无须怎样修改了。但著者不能不指出，若果正是如此，那就难怪那些卫护古文的先生们，要斥为"语不驯雅"了。

朱自清先生在《论中学生的国文程度》里说：

照现在的情形看，一般中学生白话的写作也有很多的毛病……这些毛病一是由于阅读太少或不仔细，二是由于过分信赖说话……说的白话和写的白话绝不是一致的，它们该各有各的标准。说的白话有声调、姿势、表情衬托着，字句只占了一半。写的白话全靠字句，字句自然也有声调，可并不和说话的声调完全一样，它是专从字句的安排与组织里生出来的。字句的组织必得在文义之外，传达出相当于说话时的声调、姿势、表情来，才合于写作的目的。现在学生写白话，却似乎只直率地将说话搬到纸上，不加调制。缺少了声调、姿势、表情的说话，无怪乎乱七八糟的。

在另一篇《写作杂谈》里，朱先生又说：

照着心里说的话写下来，有时自己读着，教别人听，倒也还通顺似的。可是教别人看，就看出思路不清来了。这种情形似乎奇特，但我实地试验过，确有这种事。我并且想，许多的文脉不调，正是因为这个缘故。

可见文章自文章，谈话自谈话，语体文虽以"白话"为材料，却并不就是"用文字写在纸上的白话"。

我们要明白这二者的区别，第一要记住文章是给人读的，谈话是给人听的。第二要记住读文章的人，未必在写作者的身边，读不懂时，要问很麻烦；听谈话的人，却常与谈话者在同一空间，听不懂时，问起来很方便。第三要记住写在纸上的文章，比较不易像谈话那样吸引人；因为谈话时可以谈得有声有色（指表情），文章要有声有色就不得不在结构、文句等上面用功夫。所以文章虽然是写在纸上的谈话，却是一种精练后的谈话，与口头的谈话绝不相同。

这里所谓的"精练"，应该包括下列各项条件：

（一）没有浪费的文字，啰唆的文句。

（二）同样的句法，须能够尽量变化，免得读起来厌烦。

（三）每句话的组织，能明确表示一种意义，读后不致令人误解。

（四）每段有一个中心意义，各段的意义不但连贯，而且作顺序的发展。

（五）全篇有结构。

（六）用修辞的方法去弥补文字表情达意的不足，使读者能充分感受全文的意义。

不待说，这些条件在"谈话"的时候，都可以不管，可是文章却必须具备这些条件。"语体文"和"谈话"不同的地方，也正在此。我们明白了这层道理之后，再来看上面例8、例9两个例子，就觉得一无是处，必须大大地修改了。

今日儿童写作成绩之流于"白话化"，一方面固然由于不知文章与谈话完全不同，另一方面也由于教师平时在讲解课文时，没有好好地将课文结构、句法等解剖给儿童看，使儿童学习那一套写作的方法。儿童因为不知写作的方法，结果才写成了这一种新式的"语录体文"。这时候，如果教师也不知写作的方法，他就简直无法批改儿童的文章了。单是改正几个错字或别字，对于儿童的写作，当然没有什么益处，而且也难望他们有什么进步的。

四　阅读与写作

目前有不少小学里的儿童，阅读跟写作已经分离为不相关涉的两项作业了。阅读只是认识课文中的生字，了解课文中有趣的故事，此外，至多再加一次背诵，就此完结。写作呢，教师出一个或两个题目，儿童照题目敷衍成篇（也有写得文不对题的），交了上去，有些教师改也不改，就此完结；有些教师改了几个错字和别字，发还儿童，儿童把作文簿往书包里一塞，也就此完结。总之，阅读跟写作之间，几乎无任何联络可言。

这样的教学方法，势必招致儿童写作能力的萎化，这是可以断言的。而且在儿童的心目中，又会发生一个错误的观念，以为成人的文章当然比我们儿童好，我们儿童原只能写一些让老师大改大削的文章。像课文那样的好文章，不过是让我们阅读的，背诵的，绝不是给我们模仿的，因此课文的文章为什么写得那样好，我们儿童可以不管；在阅读的时候，我们只要认识几个生字，了解它们的意义，足够了。到了写作的时候，我们心里想说什么话，笔下就写什么字，此外一切都可不管，反正写得不好，老师会替我们改正的；等将来我们年岁大了，学问高了，自然就能写好文章了。

不久以前，著者在某报馆服务，曾接到一个职业青年的来信，要求著者告以写作的方法。当时因著者既不知那个青年的程度，写作的方法又非三言两语所能说明，就只能介绍几本研究写作的书籍给他，同时又复了一信，大意说：

写作固然有方法，但只明白了方法，依然很少实惠。我现在再告诉你一个笨法子，那就是你常常选较好的文章来读，读后记住文中的要点，不必熟读至能够背诵；再藏起那篇原文，自己照原文的要点来重写一篇；然后把原文拿出来，与自己所写的对照比较，看有哪些地方，自己所写的不如原文，把它摘录下来，随时背诵记忆。这样日积月累地学习，写作能力必将有很大的进步。

这是什么缘故呢？原来写作根本是一种"实践"行为，其能力之获得和增强，也必须从"实践"中去求取。不肯实践而只想投机取巧觅取成功捷径的人，绝对难望有什么成就的。其实不要说是尚未能够写作的人，就是那些已有相当能力的写作者，如空闲了一年半载不执笔，一旦握起笔来，也常会感到文笔滞涩之苦。空闲的时期愈长，则以后愈不能写作，甚至陷入"眼高手低"的悲境。这种结果，也无非因为写作者放弃写作的"实践"之故。

初学写作的人，因其自身的写作能力尚未充分养成，当然除努力"实践"，练习其已有的能力外，一面还得设法养成新的写作能力。要达到这个目的，必须学习别人的写作方法，这就需要把写作跟阅读打成一片，在阅读时留心记取别人文章的写法，至写作时仿效和印证别人的写法。故就初学写作者而言，他的"实践"工夫，实在应该包括两件事：一件是已有能力的练习，另一件是未得能力的学习。像这样长期"实践"下去，那才有成功的一天。

儿童之学习写作，当然也该如此。假使教师只教儿童反复练习那一些原有而几乎等于零的写作能力，则纵然是一个"天才"儿童，怕也不会有什么进步罢！每写一篇文章，尽在那些拙劣的句法中，一而再，再而三地兜圈子，若说写作的能力即此就能进步，那才是奇迹。然则对于今日儿童的作文，教师们为什么老是那样教导着呢？

把阅读跟写作打成一片——这是我们教师指导儿童写作时应负的责任。儿童年幼识浅，固然绝不能写出课文那样的好文章，但"打成一片"的目的，原在使儿童从课文中学会写作的方法，并非奢望儿童所写的文章也有课文一样的内容。只要不断学习课文的写作方法，儿童的写作能力就会不断进步，教师指导儿童的责任也就尽了。实际上，儿童在相当的能力养成之后，我们只要能供给他们良好的素材，他们就不难写成出色的文章。

然则，所谓"把阅读跟写作打成一片"，究竟是如何"打"法呢？照著者的意见，教师在每次教毕一课课文以后，应该把全文的结构、段落、句法、措辞等详细解剖给儿童看，同时使儿童记录下来。等到以后作文的时候，教师的命题就应斟酌情形，一面选取儿童的实际生活素材，一面顾及原来课文的文体，教儿童试照课文的文体和句法等，把教师提供的命题和素材写作出来。一次不够，二次；二次不够，三次。至于五六年级的儿童，最好能教他们自己解释课文，教师只要查阅他们解释课文的笔记，做集体的指导即可。

在批改作文的时候，教师也不能只改几个错字或别字，敷衍塞责。一个负责的教师，必须检查儿童的文章是否在学习课文的写法，是否在随时增进新的写作能力。如果儿童不知学习，即宜在作文的某一段勾画出来，令其仿照课文某段重写。这样批改，教师当然要比只改几个错字、别字辛苦些，但我们应该明白，如果是一个负责指导儿童作文的教师，这件事正是他分内的工作和义务。

有一些熟读《三国》《水浒》的教师，一见著者说课文要解释给儿童看，也许会把金圣叹之流的评注一股脑儿搬了出来，教给儿童。什么"伏笔"哩、"呼应"哩、"欲擒故纵法"哩、"开门见山法"哩，把儿童吓得目瞪口呆，神魂出窍。结果儿童即以为文章原来如此难写，处处得"看门见山"，"欲擒故纵"。其实《三国》《水浒》的作者，在写作当时又何尝注意到这些，如果他们都照金圣叹所说的而写作，则在执笔的当儿，势必步步荆棘，随时得留心"呼应""复线"，无从发挥其写作的能力了。当然，也就绝不会有今日的《三国》和《水浒》了。我们要明白所谓的"写作的方法"，绝不是这一套缠脚的纱布，缠上了令人寸步难行，而是另一套可以让我们活用的原理原则，获得了可以得心应手，运用无碍。

此外，在指导儿童阅读的时候，又应随时提防儿童之过分略读。须知儿童文章中的别字和错字，实与过分略读有密切的关系。特别是笔画较繁的单字，在略读时，当然不会留意它们的写法，一旦执笔写作起来，就难免随便乱写了。假使教师能使儿童养成做笔记的习惯，则在略读的时候，儿童也尽可把那些自认为难写的单字摘录下来，以资练习。

总之，要使儿童的写作有进步，必须使写作与阅读发生密切的联系。儿童必须从课文等的阅读中，不断地吸收新的字汇，新的句法，新的章法，同时在写作方面不断练习，他们的写作能力才会进步，才会增强。

五　提高儿童的写作兴趣

儿童除欢喜模仿成人的行动外，发表欲也是很旺盛的。照理，儿童既欢喜模仿，又欢喜发表，则对"作文"就应该发生极大的兴趣；但事实上今日小学里的儿童，却并不如此。我们与其说今日的儿童欢喜写作，毋宁谓今日的儿童畏惧写作，比较切近事实。

大家怕上作文课，一到上课的时候，艰难的暗云就浮上儿童的心头。等到教师在黑板上写下了题目，大家就更像面临无法应付的考验一样，有的咬断了笔杆，有的糟蹋着纸张。在痛苦和绝望之余，有的不得不转到请人捉刀的念头，有的却只得勉强搬出一些现成的八股（当然是白话八股）老调来搪塞。更有一些比较聪明的儿童，因为记得的八股老调多一些，那就沾沾自喜，大大地敷衍起来了。

这时候的教师呢，他正坐在教室的一隅，等待着儿童交卷。好像这一课除了命题，他就本应该是享福的份儿。比较热心一些的教师，这时候也许会对儿童们说："写不出的字，举手问我。"站在一旁，临时充当一个"两脚字典"，那已是天大的恩惠了，但对于"写不出"的儿童，仍没有丝毫助益。

有几个儿童，也许想到平日家长的督促，哥哥姐姐的鼓励，努力写成一篇，交了上去。但到批改后发还下来时，只见整篇的文章，早已被教师勾去了十之八九，那些自以为得意的文句，都一起遭了殃，剩下的已经寥寥无几，也就像一盆冷水浇顶，觉得作文这件事简直太难了，难得简直"无路可走"！

像这样的悲剧一再重演之后，儿童对作文还有什么兴趣呢？如果我们替儿童设身处地想一想，一定要代为喊出"以后不要再上作文课"了！

我们试替儿童分析一下畏惧写作的原因，大致可得下列各点：

（一）不懂题目的意义，或虽懂而想不出什么可写。

（二）不明白应该怎样写，才合了教师的心意。

（三）会写的字汇不够，动辄发生困难。

（四）对写作这件事，不但感到困难，而且也觉得无谓得很，为什么一定要写作呢？

（五）好容易千辛万苦写成了一篇，结果又被教师大刀阔斧地删改，非但"吃力不讨好"，而且也太触霉头。

在上列各种原因里，有的需要教师说明，有的需要教师帮助，有的却正是教师自身所犯的错误。因此著者认为，如果我们不能把那些原因逐个解除，儿童对于写作的兴趣是无法提高的。

第一，教师应使儿童明白，各人所写的文章是预备给谁看的。儿童的文章，绝不是写了专给教师看的，而是预备给小朋友们看的。因此教师必须随时提醒儿童："你们在写作的时候，应该把小朋友们假想做读者，万不可以为教师要我们写文章，这文章当然写给教师看；我们得设法迎合教师的心意。"教师之阅卷工作，不过是从旁指导和帮助。基于这一观点，儿童自易感到写作的需要，引起对写作的兴趣；而且大家更能明白，自己文章的读者对象既是小朋友们，那就不必努力"掉文"，努力学白话"八股"了。

第二，教师自己应该明白，上作文课的时候，既不应出了题目就休息，也不应把这一课认为是使儿童为难的一课。所出的题目，如果儿童不懂，就应该加以说明，或索性废去，另出新题。如果儿童懂得题意而想不出什么可写，教师尤有提供素材的义务。因为"作文"的目的，原只在使儿童练习已会的写法和学习新的写法，对于题目的内容，严格地说起来，儿童是可以不必负责的（当然对于内容即素材的处理、剪裁，因在文章的范围以内，教师不应代庖）。

第三，儿童在执笔为文时，每感字汇不够，动辄发生困难，教师自应随时告知写法，并趁此机会，提醒儿童：若阅读时能努力吸收字汇，记住每个字的意义和写法，至写作时即不致如此痛苦了。又教师在告知写法时，若能同时说明字的构造及特点，儿童在此时最能记住。不过这一种教师在旁告知写法的办法，原是不得已的权宜之计，因为儿童的写作是一辈子的事情，教师不能一辈子跟在儿童身边，做他们的"两脚字典"。所以贤明的教师，应该用鼓励竞赛等方法，逐渐减少儿童问字；尤其是课文中曾经读过的字，教师不宜有问即答，应在儿童发问时令其查阅课本。

第四，作文的批改，关系儿童写作兴趣和进步者甚巨，绝不宜随教师一己的爱憎或喜怒，任意改削。至于大刀阔斧的手段，当然更不能采用，因为这对儿童的打击实在太大。著者对于这个问题，有下列各点意见：

（一）批改以保留原文主体（内容与形式）为原则。若原文实在一无可取，则该儿童的写作态度恐已成问题，教师应与他做个别谈话，查明成绩恶劣的根本原因，然后做相当的处理和补救。万不宜于大刀阔斧之后，教师代为捉刀，因为这对于儿童本身，并无什么好处。

（二）注意儿童写作的进度，并随时予以鼓励。对新句法、新章法之尝试，教师尤应另眼相看，使无意作此种尝试的儿童也起而仿效。即使儿童的尝试并未成功，教师亦不宜一笔抹杀，应该指示改进的方法；并同样加以鼓励，以观后效。分数的批给，应以儿童作品中是否有新尝试、新成功为标准之一；对于故步自封不愿进取的儿童，纵使作品可观，分数的批给也应较前者为少。

（三）批改方法应分为两种：凡儿童力能自动修正者，应批注符号，不应由教师代庖改正；凡儿童不能自动修正者，应由教师改正，但改正的句法和用词，应以儿童能接受、了解者为限。

（四）批改后，教师的任务尚未完毕，尚应随时检查儿童是否确已改正，以后有否重犯错误。这一点，著者认为是非常重要的。

为加强鼓励起见，儿童的文稿纸张，宜采用活页。待每次作文结束后，即将全年级儿童之作品集合，照分数次序订成一册，悬于教室中，供儿童课余观摩比较，使努力的儿童更想努力，不努力的儿童因羞耻心之激动，也不得不努力起来。

此外如壁报、学级新闻等之出版，也足以引起儿童的发表欲，鼓励儿童的写作兴趣。

照著者的理想，儿童在写作时的困难，教师既能代为做合理的解决，复益之以不断的鼓励，则儿童在明了学习写作的目的，原在于使小朋友们提高表达自己思想的能力，写作的兴趣自易引起；如果贤明的教师更能随时提示切合儿童生活的题材，则兴趣当然更无问题了。

写作兴趣是儿童学习写作和获得进步的唯一保证，我们明了了它的重要之后，就该好好地设法养成，并提高这种兴趣才是！

六　　写作的初步教学

今日各地小学，第一学年已开始教学口述作文（包括日常生活、游戏、动作等的口述，对照画片实物等的口述及故事的口述等），第二学年即开始教学笔述作文（包括日常生活偶发事项等的笔述，对照画片实物等的笔述及故事的笔述等），这是一般的情形。对此，我们负责指导写作的教师，当实施这种教法的时候，却必须明白下述各点：

第一，低年级的小朋友，因为入学未久读书不多，故能够运用的字汇极少。

第二，但这些小朋友，胸中的蓄积并不逊于中高年级的儿童。换句话说，他们能够运用的字汇虽然极少，胸中的蓄积却并不很少。二者是不成正比的。

第三，低年级的小朋友，虽然胸中有蓄积，可是发表的能力却极弱。不但写作如此，连说话也如此。

在明了低年级儿童的实际情形之后，我们在教他们作文时，就应该随时留意到上述的实际情形。照著者的意见，以为儿童在初小时代，虽不妨从第二学年开始学习笔述作文，同时却不宜偏废口述作文这一种。口述作文的教学对于实际上的教育效果有极大的帮助，应该一直学到第四学年为止。

其实，所谓口述作文，就其本质来说，无非是"谈话"罢了。不过在形式上，口述作文跟平常的谈话不同；在内容上，口述作文也不像平时谈话那样不注意文法组织。所以，如口述作文能好好教学，则不独儿童的思想可因此训练得有组织、有条理，而且写作的基本能力（尤其是造句方法）也能因此养成。

原来，说话与作文两件事，一方面固然有截然的区别，另一方面却正有着极密切的关系。通常一个语无伦次的蠢汉，无论如何，不能希望他能写出一篇有条理的文章；反之，平常文章写得有条理的人，即使不善辞令，谈话时也绝不会语无伦次的。可见儿童说话的训练，不独能训练儿童的谈话能力，其有裨于儿童作文者，也实在甚大。

一般儿童的谈话，由于家庭教育关系，常夹杂着各地的方言。低年级儿童的谈话，方言的成分尤多于标准语。这一个缺点，如果在训练说话时不能充分纠正，便很容易侵入到写作方面去。因此一个贤明的教师，必须设法使儿童逐渐减少方言的运用，至少须令儿童明白方言的某种句法，在标准语方面应如何说（即在写作时应如何写）。如果儿童能明白双方的异同，而且熟练其写法，则以后在学习写作时，即不致随便把方言的句法渗入到文章里去了。

在开始教学写作的时候，当然先从造句着手。这时候教材的编造，除应注意与儿童的方言对照印证外，还应该注意下列各点：

（一）尽量运用儿童已读过的字汇。

（二）尽量模仿课文中的句法。

（三）语言及文字中的各种常用句式，都须编入教材中，自简至繁，逐步练习。

今日中高年级儿童作文成绩之低落，著者以为与低年级儿童写作基本训练之不够，有很大的关系。因为在中高年级儿童的文章里，常能发现许多不通的文句。例如：

（一）明天，伯父带着我和许多小朋友，去游公园。（三年级生）

（二）光阴过得真快，不知不觉地又开学了。回忆我在假期里的生活，也很快乐。（三年级生）

（三）……我们能做到上述这几件事，那我们定会做一个好孩子的。（三年级生）

（四）今天开学了，我吃了早饭，便到学校里来。我走在路上，恨不得一步就跨到学校。（三年级生）

（五）他白天做小贩，晚上去读书，可是他功课很好，先生很喜欢他。（四年级生）

（六）回想到故乡的小山，村前的一条小河以及故乡的风景，真使我心里高兴。（四年级生）

（七）我们一个人生在世界上，都应该有朋友。（四年级生）

（八）吃过晚饭，爸爸突然大哭起来，把我弄得莫名其妙地惊奇了（六年级生）

（九）……这是我所理想的食品。（五年级生）

（十）一个人在日间想得多了，往往在晚上却会做起梦来。（五年级生）

以上各例的毛病，都已在文字下加着重号，俾便识别。这些毛病，虽少至一字之误（如误用"也"字），也显示着儿童不知用字造句的方法。不能不说是造句的基本训练不够。

造句是写作的基本训练，这一种训练不够，儿童的写作即难望有良好的发展。因此著者以为这种训练，虽对高年级儿童，也应该常常举行。

造句的教材，可以从普通国语文法书上去摘取。最好教师能同时参照儿童的学力及国语课文的新句法，自易至难，自短句至长句，先做一个有计划的教案，然后逐步教学。不过我们又必须明白，普通国语文法书中的造句材料，往往只拣最重要的句式举例，并未把各种句式包罗无遗，但我们在编造教案的时候，却必须力求详尽。例如在文法书中，也许关于"虽然"一词的句式，只举了这样一例：

（虽然）太阳已经出了，（但是）雨还未止。

可是实际上这个词的句式，至少还有：

（虽然）言归于好，（可是）双方已从此有了隔膜。
（虽然）勉强装出笑容，（却）也掩不了内心的苦痛。
（虽然）是男子汉，（也）忍不住唏嘘欲绝了。

在各种句式都已熟练之后，我们还应该有进一步与儿童共同将各种句式做一番比较的工夫，例如"但是"与"可是"，"然而"与"不过"等用法的比较，"如果"与"假使""倘使"等用法的比较。

此外，对于高年级的儿童，还应该常使他们做同一种意义、多种写法的练习，务令儿童有充分活用文字发表思想的能力。例如说"大家应该工作"，就可以有下列几种句式：

大家应该工作。
每个人都应该工作。
工作是人人应该做的。
我们必须有做人应该工作的思想。

通常，儿童如能对每一种意义做两种以上的句法，则造句的基本训练，已可说相当成功了。

教学造句，最好采用"共作法"，由教师领导全年级儿童，共同讨论研究，待做最后决定后，令儿童各自誊录在簿册中，则儿童之得益，比较普遍。著者总以为小学的写作教学，教师的责任绝不是训练成少数擅长写作的儿童，置多数儿童于不顾。每一个教师都没有教会一个写作专家的义务，但若不能使全级儿童的写作基本能力普遍地养成，却不能不说是教师的溺职[①]。

在从事写作初步教学的时候，教师应同时教导儿童使用标点符号。不过在初学的时候，比较不甚重要的一部分（如人名号、地名号、分号等），尽可不教，而逗号、句号、惊叹号及问号等却应尽先学会。标点符号之重要，不亚于文字，而且简直是写作的常用字，儿童一开始就应学习。特别是逗号和句号，如果儿童不知用法，以后儿童即不知自己所写的文章，究竟怎样才算得一句，这毛病就太大了。

---

① 溺职：失职；不尽职。

七　写作的命题（上）

儿童作文应否由教师命题？据著者的意见，命题是需要的。我们固不能否认命题作文有许多弊端，但在另一方面，也自有其必须由教师命题的理由。著者以为教师在命题的时候，如能顾及一般命题作文的弊端，能够尽量设法避免，就不妨放胆命题。

通常反对命题的最大理由，是说命题束缚了写作者的思想，这句话实在是皮相之见。我们应该知道，文章的题目，本就含有一种揽括思想的作用；不管是教师出题也好，儿童自己出题也好，题目一经确定，这题目就限制了文章的思想内容。可见即使由儿童自由出题，儿童在写作时，思想仍免不了为自定的题目所包括的。事实上，一个初学写作的人，因为思想很容易跑野马，往往把一件事物，越说越远，说到后来，连自己也不知道在说什么；或者握起笔来，觉得可写的事物太多，有无从落笔之苦，倒不如有了题目，定了范围，文章反而容易写了。故儿童之反对命题，其实并非真正对命题感到不便，乃是因素材（即内容）恐慌而引起的反响。如果教师所出的题目，其内容不致使儿童引起恐慌，儿童即不易有反对的表示。

命题作文的好处，不但可以防止儿童的抄袭，容易比较文章的优劣，而且更重要的是，可借此防止儿童的写作能力偏于某一种文体去发展，今日有不少小学毕业生，对于"春""秋"一类的题目，文思滔滔，提笔即至，并无畏难的表示，可是叫他写一张便条，开一张收据，却目瞪口呆，手足无措了。这种弊端的由来，即在于当初教师之放任儿童自由写作。基于上述的原因，著者以为有计划地命题，使儿童学习各种文体的写作，实在是指导作文的不二法门。

所谓"有计划地命题"，是说教师的命题既不宜一味随自己性之所好，也不宜随便敷衍，只要像个题目，就写到黑板上去。而是应该于每一学期中，事前做通盘的计划，抒情文应做几篇，叙事文应做几篇，说明文应做几篇，议论文应用文应做几篇，务使儿童对于各种文体都有学习写作的机会，不致偏于一方面发展。

至于所出的题目，也应该仔细考虑，不但不宜使儿童引起不必要的麻烦和困惑，而且最好能引起儿童写作的兴趣和欲望。一方面，教师同时又宜与儿童当时所读的课文取得联络，让儿童能模仿课文中所有的新笔法新句法，写作他们自己的文章。

著者以前曾因好几位执教于小学的友人，晤谈时一再提到命题困难的事，对这个问题考虑研究过。大家都觉得"出题目"实在比"改文章"还困难，有时简直就想不出什么好题目。其实呢，有许多题目，儿童不能写作，这固然是事实，但教师事前没有准备，临时不能即景触发，也未尝不是造成题目恐慌的原因。如果教师平时有充分的准备，在每次作文课之前，想好三四个题目是绝无问题的，若临时又能即景触发，则事前准备的题目还可以藏起来不用。

题目是绝不会没有的，在儿童的生活圈子里（包括家庭生活、学校生活和社会生活），即使每天需要一两个写作的题目，也不愁没有好题目，全看教师能不能替儿童选取而已。有些教师一味在自身的生活里找，结果因自身生活之刻板，竟一无所得，其实即有所得，也未必是宜于儿童写作的题目。有些教师一味往书报杂志上去找，结果所获虽多，可用者少，而且又都是一些"春晚""秋晨""别离""重逢"之类，结果仍一无所得。于是大家都感到了题目的恐慌。但实际上在儿童的生活圈里，却正有许多题材等候着教师去选取。

儿童万万不能写作空洞而不着边际的题目，题意越是抽象，儿童越是茫无头绪；对于这种题目，儿童纵能勉强下笔，勉强成篇，也一定是窃取一些别人的牙慧而成，绝没有好文章写出来的。试看下例：

【例 10】

春

五年级生

春来了，可爱的春风，一阵阵吹着，和暖的太阳照着大地，把许多睡得很熟的树木花草，鸟儿、虫儿一起都吹醒过来了。它们虽然初醒，却都是振作精神，来点缀春天的美景了。看呀，树上碧绿的嫩芽，何等娇艳呀！花丛间花香，是多么动人呀！黄莺儿在树上唱歌，是何等可爱呀！蜜蜂蝴蝶在花丛间舞蹈，是何等好看呀！暖和的太阳，因为这时候万物都带着快乐的气象，它也照得格外光明美丽了。春天是多么可爱啊！我们不要把春光无名无目地过去才是呢！

上例除末了一句有语病外，就文章大体而言，当然没有什么瑕疵可以指摘。但就文章实质来说，简直是空无一物，可说是一篇典型的白话八股。儿童如写惯此种文章，将来就是一个闭门造车的全才，他的写作前途，当然是不会有的。但我们把这件事的责任追究起来，却不能不归咎于题目的"春"字的含义太笼统了些。

给儿童写作的题目，范围不宜太大。太大了儿童因缺乏处理素材的能力，往往因为可写的东西太多，反弄得手忙脚乱，结果东抓一把，西抓一把，弄成了一团糟，却又显得非常肤泛；或者是挂一漏万，说了小事物，失了大事物，一样是个失败，试看下例：

【例11】

故 乡

四年级生

我的故乡,在浙江省杭州乡下。那个地方非常热闹,四周都是做生意的,村后有小山,山上种树木花草,每逢春季,树上长着绿的叶,开着红的花,非常美丽。天高气爽,我无事的时候,我就同邻居的小朋友,到山上去玩。村庄前面有一条小河,小河两岸的杨柳青绿,映在河里。河里有许多小鱼和大鱼,游来游去,非常活泼的样子。我没事的时候,去玩看风景,解除心里烦闷。

也许有些教师以为像"故乡"那样的题目尚有问题,还有什么题目可出呢?殊不知这一类的题目,宜于已有相当能力的中学生写作,却不宜尚在起步的小学生写作的。因为这种题目包含的范围,在小学生仍嫌太大,小学生的发表能力有限,当然无法处理了。我们只要一看全文尚不满三百字,即不难推想儿童写这样的大题目是否相称。

那么,究竟该出怎样的题目呢?这里要再来举一个具体的例：

【例12】

一星期中的家庭生活（未改）

六年级生

今天下午，我坐在椅子上，回忆到这星期中的生活。我在这星期里，只上了一天半的课，还有四天在家里。因为弟弟在出痧子①，妈妈一天到晚要抱弟弟，不能离开。所以我只能在家，帮助母亲料理一切的家务。我在家里想到了学校里，这时候同学们一定在玩着，笑着，说着，多么快乐！我呢，却独自在小菜场里，走来走去的，看买什么菜好。在小菜场里那一片喧闹的声音，你听了一定会头昏。到了家里，又要烧菜，这里也是油炸声，那里也是油炸声，一股油烟气，真是难闻。时钟打了十二下，楼上楼下的小朋友，都放学回家了。时钟打了一下，家里的人全睡午觉了，呼呼呼地作响，我却独自坐着想东想西，想想天天都是如此，真是闷极了。我

---

① 痧子：即麻疹或痧疹，是小儿常见的一种传染病。

每天希望着星期一快来吧，我又好过学校里的生活了！

上例从头至尾，无一语不是实际生活的报告，自然是一篇有血有肉的好文章，把这篇文章试与《春》的一篇相对照，即显出前者之空虚无聊，后者之切实有劲。其实后者也并非没有毛病，例如"楼上楼下的小朋友"一语，未经上海里弄的生活者看了，一定会莫名其妙。但这非儿童能力所及，在他是视为当然，我们不能苛求。

教师在命题的时候，还有一件很要紧的事情，就是必须将题意向儿童解释清楚。这件事原极容易，但忘了解释之后，儿童常会写出文不对题的文章，使教师至批改时受累无穷，却又不能错怪儿童。著者曾见一篇题目为《雨天》的文章，所述竟全为对于雨天的"感想"；题目为《记一件悲痛的事》，文章内容却是一件不平的事；题目为《儿童节的回忆》，文章所述者亦全为感想。凡此文不对题，尚有挽救办法，即根据文章内容所述，倒转来将题目增减改易数字，也就不难解决了。但有时根本连题目也无法更动，这就不免使教师为难了。如下例：

【例13】

乐极生悲

五年级生

　　本星期一下午,第四课是美术,我画了一张图画,回去以后,给哥哥看。哥哥因为我画得很好,所以便给我五百元,我买了一个饼,心里真是十二分的欢喜。

　　到了后来,我欢喜得跳起来了,一不留心跌了一跤。放在桌子上的碗,也被我打破了。母亲来看见这个情形,便对我说:"你是一个不可受人称赞的人,今天被哥哥称赞了,便以为是一个最好的人了,其实是不可以的啊!"这时我的头觉得有些痛了,心中是何等懊悔!真是乐极生悲,心中的苦处,一句也说不出。

　　"十二分的欢喜",固然是"乐极",但"头痛""懊悔""心中的苦处",这些是不是都是因乐极而生的"悲"呢?

八　写作的命题（下）

命题作文，原是一种不得已的学习办法；因为照写作的实际状况来说，吾人平时之感到写作的需要，原都是自动的，绝不是被动的。可是在教导儿童写作的时候，即使有所谓"引起动机"的教法，也只限于全级儿童共作一个同样的题目，如果题目多出几个，则每个题目都要"引起动机"，那就不胜其烦了。何况每一个儿童对某一题目的写作"动机"是否确能"引起"，常在不可知之数。

一方面，有些教师又感到无"题"可"命"的困难，于是就实行儿童自由写作。这样办，教师固然免除了命题的麻烦了，但流弊之大，是谁都知道的。著者甚至看到过一篇儿童自由作文，题为《受抗战期中的苦痛》，试问像这样的题目，教师又将如何呢？

所以纵使命题麻烦，教师也不得不命题。关于这个问题，叶绍钧先生在《论写作教学》一文中也表示与著者相同的意见，却说得更为明白。他说：

教师对命题作文是不得已的办法，这一点非透彻理解不可。理解了这一点，才能使不自然的近于自然，当命题的时候，他必能排除自己的成见与偏好，惟据平时对于学生的观察与体会，测知他们胸中该当积蓄些什么，而就在这范围之内，拟定他的题目，学生遇见这种题目，正触着他们胸中所积蓄，发表的欲望被引起了，对于表达的技术，自当尽力用功夫；即使发表的欲望不甚旺盛，还没有到不吐不快的境界，但按题作去，总之是把积蓄的拿出来，绝不用将无作有，强不知以为知。勉强的成分既少，技术的研磨也就绰有余裕。题目虽是教师临时出的，而积蓄却是学生原来有的，这样的写作，与著作家、文学家的写作并无二致，不自然的便近于自然了。

题目要就儿童胸中所蓄积的来拟定，换句话说，就是拟定的题目不宜越出儿童生活的范围。因为儿童胸中的蓄积，无不导源于其实际的生活，凡是他们生活圈子里看不到、听不到的事物，胸中当然不会蓄积；即为其不加注意的事物，胸中也蓄积不起来的。我们做教师的能够明白这一点，命题时就不致与儿童的文笔格不相入了。

就儿童的实际生活来说，当然包含家庭生活、学校生活和社会生活三方面。其中家庭生活和学校生活，是他们生活的主体；至于社会生活，儿童参加的机会虽然较少，但获得的印象及兴趣，却常胜于前两种生活。

再就整个生活而论，城市中的儿童跟乡村的儿童也不同，因为二者的生活环境各异，故其生活方式也大异其趣。这一切，我们做教师的，都应该明白。

生活可分为精神生活和物质生活两方面，儿童的精神生活，如求学、交友等等；物质生活，则偏及于衣食住行娱乐各方面；但以上每一项生活，我们在命题的时候，都不宜即以某一项为题；因为这样的命题法，不但范围仍嫌太大，儿童无法处理其中包含的许多素材，结果反而写不出好文章，而且若每一项出一个题目，出不了几题，就难免感到题目的恐慌了。

给儿童写作的题目，范围既不宜过大，性质又不宜抽象；这是因为儿童的脑筋幼稚，还不能像成人那样的思想之故。倒是具体的事物，他们有的是好奇心，平时极感兴趣，心头当然颇有蓄积，而且有许多细心的儿童，对具体事物的观察，往往反比成人周到而仔细，其蓄积当然更多，当然更好。

以下我们再把儿童对于各种文体的写作能力来说一说，借供命题时的参考。

有经验的教师，一定都知道儿童作品中有一种普遍的毛病，即对于时间和空间，儿童的叙述常极模糊。这是因为儿童对于这两种抽象的事物，欠缺深刻的观念之故。著者以前以为这种毛病当与科学教育有关，以后觉得与儿童的头脑的发育程度恐也不无关系。空间、时间观念之准确，不仅有赖于科学的教育和训练，而且也必须等儿童的头脑充分发达之后，始能接受此种教育和训练。

要儿童说明一处地方的情形，例如他自己的家，虽然是最熟悉的地方，结果也会说得莫名其妙。因为儿童们大都缺乏平面观念、立体观念、方位观念，他们只能说一些"大""小""前面""后面""左面""右面"，却又往往并不说明"左面"是什么东西的左面，"右面"是什么东西的右面。再不然他就只会说"转一个弯""再转一个弯"，结果把批改的教师弄得"团团转"。

儿童作品中的"时间"说明也类乎此。"不久""后来"，是儿童在写作时最常用的法宝。

然而在说明文和叙事文里，如果时间和空间说明得不清楚，整篇文章的价值都因之被断送了，这是谁都知道的。因此，在这一方面的训练和学习，实在非常要紧，教师在发现儿童有上述的毛病时，应该指导其改正，并应多出说明文和叙事文的题目，使儿童学习此种写法。

至于议论的文章，儿童也写不好，这也无非因为儿童思想简单，学养不够，是无可奈何的事情。又因为议论文之难写，较说明文和叙事文尤甚，教师在这一方面的指导应该更多费一些精力。

最后说到抒情文，这是儿童比较最易学习的一种文体，也是教师在批改时最易发现好文章的一种文体。儿童天真烂漫，富于热情，如果教师所出的题目恰能触及其胸中的蓄积，则儿童即不难写出意想不到的好文章。虽然就作文教学的立场来说，在小学时代，还不是专门要求产生好文章的时候，主要的还在儿童能够学会写作的方法；可是如果能有好文章产生，且能产生很多而蔚为一种儿童特有的文体，我们做教师的，也不必硬行禁阻。据著者的意见，在不妨碍学得写作基本能力的前提下，教师尽不妨加以指导和鼓励，乐观其成。

有人要著者开列一批儿童作文的命题，著者却笑着拒绝了。原因是著者不能做这件吃力不讨好的傻事。因为每一处小学跟小学里的各年级儿童，其实际生活都各有其特点，再加以日常的偶发事项，都是儿童写作的良好题材，著者纵使花费了时间精神，把它调查统计出来，制成一批题目单，也未必就能包罗无遗。命题这件事，原是机动性的，如不能发挥机动性，则所出的题目，往往都是一些"春游""秋怀"之类，反被八股滥调的文章赚了去，实为贤明的教师所不取。

九　思想的整理和剪裁

语言和文字，虽同是发表思想的工具，但二者之发表方式既不相同，发表的方法也各异。语言的发表方式是谈话，是演说，是广播，都不外借口腔所发的声音，传达发表者的思想至听者的耳中；文字的发表方式是文章，借无声的符号传达发表者的思想至阅读者的眼中。至于发表的方法呢，谈话、演说或广播时，往往是想到哪里，说到哪里，有时虽有一个或数个中心题旨（如演说及广播），可是发表者尽不妨东拉西扯，信口而谈，但求"耸人听闻"，并不管什么结构章法的。文章却不然，它为了要行得远、传得久，必须尽量设法增强文章本身的价值；它要设法引起阅读者的阅读兴趣，要使阅读者能确切理解写作者所发表的思想，并予以接受、同情或实践。因此每一篇有价值的好文章，往往一字一句，都经过千锤百炼，并不是像谈话那样一出口就算数的。它往往在文字的运用上，在字句的组织上，尽量使作者的思想发挥尽致，务使有感动读者的力量，收到写作的预定效果。因此谈话不注意什么结构章法、修辞推敲，文章却必须注意到这些。换句话说，谈话是一种粗制品，文章却是一种精制品。

有许多顽固的古文保卫者，始终轻视着语体文，他们任意轻蔑这一种文体，说这种东西毫无一读的价值，这句话在一般青年看来，固然是可笑得很；不过若仔细一想，却也有那么一些道理。原来今日的语体文，本是以口头语做骨干的，写成一篇佳篇，固是好文章，但如写得乱七八糟，只把心里想说的话，胡乱记录下来，没头没尾，东拉西扯，未能表达一种完满的思想，的确很少有一读的价值。这正如旧时三家村的学究，虽能哼几句古文的调调，其实他做出来的文章，何尝有什么思想，何尝有一读的价值一样。但用口头语写成的，思想完满的好文章，现在已经很多了。大家都明白，这种好文章不但有一读的价值，就是再读、三读也不会生厌；虽然看看全文，都是一些常用字，但你若要想任意将全文增减或调换几个字，可也不很容易哩！

今天我们教学儿童写作，目的就在使儿童具有写这种"好文章"的基本能力，不致老是写毫无一读价值的东西。若想说什么，就写什么，语无伦次，文不加点，即此就算是尽了文章的能事，则我们做教师的，简直就不必再教儿童了。

其次，我们要研究一下文章与思想的关系。上面已经说过，文章以思想为内容，亦即以思想为素材，于整理之后，用文字发表出来的精制品。这里我们必须明白，每一篇文章虽不能无思想为内容，但文章所发表的思想，绝不是著者脑中的原始思想。平时我们脑中的思想，往往是片段的、杂乱的、浑朴的，但一经发表在文章里的思想，却必须是完整的，有组织、有层次的，而且是经过剪裁的。脑中的思想只不过是文章的素材，这素材绝不能原封不动地放在文章里，否则写成的文章就不是好文章。

儿童的思想与成人的思想不同，他们的思想比成人所有的更为零碎，更为杂乱，更为浑朴，这当然是因为儿童缺乏知识修养的缘故。正唯如此，我们教师在教学儿童写作的立场上，必须常常设法训练儿童的思想，使他们也像善于写作的成人一样，对自己的思想有整理和剪裁的能力。

今日有不少中低年级的儿童，还不能把自己的文章分段，往往一篇文章，自首至尾，写得并无段落。教师粗看时，误以为是"一气呵成"，但仔细一读全文，文中的思想却又那么凌乱驳杂，这就充分证明了他们还没有整理自己思想的能力。例如：

【例14】

故 乡
四年级生

我的故乡就在安徽寿县李家村。上面有一个小山，从山上往下看，有一条小河，常常要发生水灾。所以我的祖父把我送到母亲这里来，他过了几天就回家。他回家不到两三个月的时候，我的爸爸也就来了。到了家里，我问爸爸说："你吃过饭吗？"爸爸说："没有吃过。"我就去叫妈妈来煮饭。不多时，饭煮好了，我就和爸爸吃了饭，到外面去玩。爸爸说："上海的风景真美丽。"

在上例中，作者在文中发表的思想，计有下列七点：（一）故乡的所在，（二）故乡的风景，（三）作者离开故乡到上海去的原因，（四）祖父送作者去沪后返乡，（五）父亲抵沪，（六）作者与父亲吃饭，（七）父亲与作者饭后出外游玩。以上七点，为《故乡》题目所包摄者不过开始两点，而且每一思想的安排，虽然先后有序，却显然是信笔所至，任意凑合，并未经过好好地整理。如能整理思想，当然不会把与故乡无关的念头，一起写进文章里去了。

儿童对思想的剪裁能力，也很欠缺；往往凡是素材，只能一视同仁，兼收并蓄，例如：

【例15】

游漕河泾记

三年级生

昨天早上，我起来，觉得屋子里非常黑暗，我就跑到门口去一看，啊呀，天怎么会下雨了？我心里很不快活，因为昨天是我们学校里预定远足之期。后来雨渐渐得小了，我就进学校去。到了学校，看见黑板上写了几个字，是"今日天雨,远足不去,照常上课"。我就回家去拿书包。进学校,我就在教室里做了一下功课。后来我们的级任老师,到教室里来对大家说:今日照常去,因为现在雨不下了,我们就排了队到操场上去,大家集中在一起,然后大家排了队,到卡车上去。大家坐在卡车上,不一下就到了黄家花园。我们就下车,排队。因为那里沿路狭窄。先生发了甘蔗,我们走了些路,过了一座木桥;再走过去,就到了黄家花园的大厅那里。老师就领我们散队,自由游玩。我和了几位同学去玩,那里有一个黄家祠堂;再走过去,看见有一棵桃花,非常美丽。后来我和几位同学,闻得老师吹叫集队,我们就集中排队。排好队,到冠生园农场去玩。后来冠生园面包送来了,我们发了面包,老师又令散队,游玩。我吃了面包,觉得嘴里非常之干,我就买了一瓶汽水。饮了汽水,就不觉干了。我走到那里,排好队,到曹氏墓园去玩。到了曹氏墓园,走了些路,看见有一个坟墓,前面有一只石乌龟,非常好玩。再走过去,有一个亭子。里面地上都是圆滑的小石子,我们就散队玩了一下,就排队到外面乘卡车回校了。

以上所引长文,是著者此次征集各文中最长的一篇,大概作者对于此文,也是颇得意的。何以见得呢？原来近时小学里的儿童,因为自感字汇缺少,每以不能拉长文章为恨。还有那些冒充内行的师长,也常会鼓励儿童拉长文章。似乎凡是文章,一定愈长愈好,短文即表示写作者胸中缺少才学。试问在这种情形之下,本文的作者还不会踌躇满志,自以为了不起吗？但照我们看来,这篇文章虽长,包含的东西虽多,却因犯了不能剪裁素材的毛病,简直不堪一读。文中开始一大段的叙述,即应全部删去,作者却把它全盘托出；还有那些无关紧要的小动作,一会儿"排队",一会儿"散队",不知唠叨了几次,令人读了生厌,然而在作者看来,事实经过,确是如此,不写岂非太不老实？谁知"游记"绝不是"行程录",这样写,反而符合了"阿王舂年糕,吃力不讨好"的俗语。

文章的素材（内容、思想）,作者不但须有组织整理的能力,更须有分别重轻加以剪裁的能力。重要的部分,不仅要写进去,而且要着力地写进去；不重要的部分,除必须交代者可做简洁的说明外,其他就应该痛快地"割爱"。

以上两项的训练工作,如果教师要儿童文章写得好,平时一定要认真地做，务令儿童养成整理和剪裁素材的能力。如发现像上举两例的文章，就不妨掩去作者的姓名，把全文公开提出讨论，教师从旁指导，令儿童明白素材的处理究竟是怎么一回事。

十　字汇的吸收和运用

儿童在写作时，最感到困难的，是字汇不够。教师为替儿童解除这一困难计，救急的办法是临时教给写作时所需的字汇（例如儿童要写"拮据"两字，不知写法，教师即将这两个字写在黑板上）。此种救急的方法，原是不得已的权宜办法，如教师提示过多，不独儿童过后辄忘，失去了教育的意义；而且教师也等于白费精神，反令儿童养成了依赖的恶习。

最妥善的解决方法，当然是平时令儿童多多吸收字汇，则儿童至写作的时候，即可随意运用已知的文字，表达自己的思想，不必请求教师了。

要使儿童平时多多吸收字汇，唯一的方法是常令儿童阅读书籍、杂志和报章。因为各种字汇，都印在这些出版物上面，取之不尽，用之不竭，只要儿童有能力去吸收，此外就毫无困难。所以"写作"与"阅读"，这两件事是不能分开的。

然而谁都知道，儿童即使有了许多读物，如果不知阅读的方法，结果仍难将字汇吸收到头脑里去的。即使吸收了一些新字汇，如果不常常用它们练习写作，结果依然会忘却的。这样，问题就落到如何吸收和如何保有上面去了。

阅读有所谓"精读"和"略读"两种方法。精读就是熟读，要熟到能够背诵。略读是随便阅读一下，即所谓"走马看花"。由于目前出版物之多，每个人要把所有的出版物都熟读起来，当然是不可能的事。因此近来做教师的，往往教儿童略读出版物，令儿童精读的常只限于国语课本一种。

可是著者却以为儿童不比成人，殊不宜随便鼓励他们略读。这是什么缘故呢？因为第一，儿童脑中的字汇，极度贫乏，不像成人那样，已有大量蓄积，写作时要用什么字，就能写什么字。一方面，略读这种方法，实在只能明了每篇文章的内容大概，绝不能增加字汇的吸收。若儿童脑中空无所有，也鼓励他们略读，则结果如何，当然不难想见。我们鉴于儿童写作时动辄请教师在黑板上写许多字汇，以及作文簿上错字别字之多，就觉得这些现象与"略读"的风行实有很大的关系。第二，儿童所读的出版物，究竟有限，不像我们成人，各种出版物都读，阅读的时间又少于儿童。而且就儿童言，一方面脑中既空无所有，一方面精读而吸收字汇的出版物又只限于国语课本一种，则吸收量自必大受限制。同时实际上他们吸收的能力并不只这一些，用功的时间又远比成人多，可读的出版物更未必多至使儿童忙不过来，为什么我们却鼓励他们略读呢？

据著者的意见，儿童精读的读物，除国语课本一册外，至少还应该再加一二种。当然这所加的一二种，教师也应该选文章较好的读物。

精读的读物不必定要儿童背诵。原来背诵这件事也是可以取巧的。有许多聪明的儿童，常在教师要背诵的一二小时前，把文章生吞活剥地硬记住，等到背诵完毕，却忘得一干二净。我们与其令儿童这样背诵，还不如设法使儿童读得熟一些。为明了儿童有否熟读课文，不妨随时举行各种测验。

再就略读来说，著者以为儿童的略读也应该与成人不同。成人不妨"走马看花"，儿童却必须做略读札记。黎锦熙氏《各级学校作文教学改革案》（见《国文月刊》第五十二期）一文中说："日记札记，有内容，重资源，比之堂上限时作文，偏重语文形式之正确无误者，当然益处更多，效用较大。"该方案关于"读书札记"之办法，且有详尽规定，兹摘录要点于下：

（一）每学期开始，各生自备"读书札记"纸本或纸片（用纸本者，须分上下二册，以便呈阅时递换）。每月呈阅一次，记其成绩。

（二）读书札记，宜一事为一条，所记长短、多寡随意，以课外浏览之书籍报纸引其端绪，或记见闻实事，与所学互相印证，不可凭臆做空谈。

（三）写札记时，须养成随写随加标点之习惯，字体须整洁入格，不可潦草难辨。

按黎氏方案，乃以中学生为对象，故所述各节，在小学生尚嫌实行困难，著者爰补充数点于下：

（四）札记之事，宜记其(1)事物概略，(2)全文精彩之一段及精句，(3)生字及难解单语，(4)读后感想及见解。（此条补充黎氏第二点）

（五）教师在未令儿童做札记前，应先就第四节所述各项示范，俾儿童明白其记法格式。

（六）生字及难解单语，以儿童自行查考字典逐一加注为原则。其不能查考及无从查考者，教师于批阅后指示解释之。

如上所述，儿童唯有在阅读方面多做功夫，脑中之字汇方能增加，写作之能力方能增强。同时再于写作时练习新字汇之用法，则写作才有真正的进步。

不过在吸收新字汇的时候，教师又应令儿童注意新字汇的含义及用法。儿童在写作时，常喜用新字汇，这当然是他们进取心的表现，原是值得鼓励的。可是我们在批改儿童作品的时候，却又常常发现这些新字的误用。例如：

（一）我们是一班青年的小孩子。
（二）乡下是山水鲜明的地方。
（三）他比我级数高，学业总比我深了。
（四）心里不禁浮起了一层疑窦。

大概儿童在用新字造句的时候，以为只要大体上意义通得过就没有什么问题了，殊不知每一个字或词，既各有其特殊的含义，也各有其一定的用法。例如"学业"一词，含义实与"学问"不同，"欢喜"与"爱"，有时虽可互相通用（如说我欢喜吃鱼，也可说我爱吃鱼），但有时却绝对不能通用（如说"母亲的爱"，不能改说"母亲的欢喜"；听了别人称赞，自己"心里欢喜"，也不能改说自己"心里爱"）。儿童在这种地方因对新字汇缺乏丰富的语感，其误用自不足深责，为补救这一缺憾计，教师应随时补充解释，并令儿童在札记时记下新字汇的句法，以揣摩其用法。

至于新字汇的熟练运用，当然应该从写作方面入手。儿童的写作机会，教师应尽量设法增加，除课内规定的命题作文和课外的札记外，最好再加一种日记或周记。

照著者的意见，以为儿童的写作练习，次数应该增多，每次所写的篇幅却不必勉强拉长。增加次数的理由，是可以借此增加熟练的强度。反对勉强拉长的理由，是文章这东西，本不是勉强所能拉长的；即使拉长了，也一定不是好文章。然则这不是教儿童进步，倒是教儿童退步了。

十一　抒情文

儿童写抒情的文章，常有良好的成绩，这原因一半固由于儿童有丰富的感情，一半也由于其胸中有所蓄积。因为胸中有所蓄积，故写作时不必矫揉造作，只要照自己的经历写去，正唯如此，往往就写成至情流露的妙文。试看下例：

【例16】

我的姐姐
六年级生

我有四个姐姐；其中以大姐最能干。她总是随时随地注意我的学业、身体。可是不久，她便要离开我了。

因为在四月初一，她便要结婚了。婚后，便和姐夫一齐到美国去。这是一件可喜而可悲的事。当我知道这消息后，觉得心中很是难过，虽然我还有三个姐姐，但谁能像大姐那样热爱我呢？

这几天中，家庭里充满了快乐和悲哀。父亲母亲虽然向她祝贺着，但热泪也同时流出来。三个姐姐，都躲在房中啜泣。唯有我，呆若木鸡，依恋不舍。大姐向我微笑，我勉强抑住心头的悲哀，也向她微笑。可是我眼睛润湿了，眼前模糊了，不禁倒在床上，大哭起来。

娘姨大叫吃饭，大家都去吃了，我却仍留在房中。人生生离死别，是如何苦痛！我闭了眼，仰天为大姐祝福："愿她俩永久健康安详，前途无量！"

上面这篇文章，所写的殆全为事实，才写得那样逼真动人。由此可见儿童并非不能写好文章，视其所写是否确为胸中的蓄积而已。

不过儿童写抒情文，也未必篇篇都好的。这时写不好的原因，或者是由于不老实，或者是由于抒情的技能不够，都可能变成失败。试看下例：

【例17】

妹妹的死

三年级生

妹妹的名字叫根弟,是一个聪明活泼的孩子,想不到就这样短寿。回想去年,她只有六岁,我教她方块字,她很用心地记着。后来她到学校里去读书,也很用心;对于先生、同学都很有礼貌。爸爸妈妈,都非常的爱她。我想到这里,忍不住流下泪来。她那聪明活泼的样子,用功读书的精神,和和气气的态度,一切都深深地印在我脑中。根弟,我喊你千声万声,都喊不应你了。想从前我和你一同读书,一同游戏,长到这么大,没有和我分别过一天,现在却和她永久的离别了;要再见面只能在梦中了。

照这样看起来,儿童要写成一篇良好的抒情文,就必须具备三个条件:(1)必须胸中有所蓄积,(2)必须有抒写胸中蓄积的足够技能,(3)必须能忠实地抒写其蓄积。像《我的姐姐》一文,即具备这三个条件。

我们试进一步来研究这三个条件,觉得教师平时颇有指导儿童的必要。

第一，胸中的蓄积，系当事者于事件发生时（或平时）留意观察及体会而得；但同时一件事情，甲乙两人虽同时在场，结果各人胸中所得的蓄积却未必相同。通常感受能力强的、观察仔细的、体会周到的，其所得的蓄积恒多于感受能力弱的、观察马虎的、体会不周到的，这种感受能力以及观察和体会功夫，虽与各人的天性有关，却也不难训练而致，故要蓄积多，文章写得好，平时就得设法训练蓄积的能力。女生在感情方面的蓄积能力，恒强于男生，这就是因为女子的天性比较易感之故。

其实所谓胸中的蓄积，未必全是感情，此外如印象、观念等，也应该包括在胸中的蓄积里面。通常女生在感情方面的蓄积虽胜于男生，但对于事物的印象和观念，却往往不及男生所得者深刻而正确。故教师在训练儿童的时候，应该分别做必要的指示。

第二，抒情文要能引起读者心中的共鸣，才算成功。要引起读者心中的共鸣，单是冷冷地说一些"悲伤""快乐""哭""笑"，是绝对办不到的。如《妹妹的死》一文，失败的原因就在于抒写得太空泛，引不起读者心中的共鸣。

要引起读者心中的共鸣，不但文章须写得入情入理

（即第三个条件所指的忠实），而且必须将当时的情景刻画入微。如《我的姐姐》一文，其中"父亲母亲虽然向她祝贺着，但热泪也同时出来""我呆若木鸡，依恋不舍""大姐向我微笑，我勉强抑住心头的悲哀，也向她微笑""可是我眼睛润湿了，眼前模糊了，不禁倒在床上，大哭起来"等处，正是入情入理、刻画入微的地方。

抒情文能够写得入情入理，刻画入微，即不难引起读者心中的共鸣。换句话说，写作者已有了足够的抒情技能了。这一种技能的有无，为写作者成功或失败的关键，教师也必须随时指导训练，设法使儿童养成。

第三，所谓忠实地抒写其蓄积，是指所"抒"的"情"，在读者看来必须入情入理，并不是说某件事情的经过事实必须全盘托出，不能丝毫隐讳。任何一篇文章，对原来的素材必须加一番剪裁的工夫；易言之，即任何一件素材，绝不宜原封不动地用文字描述出来，应该汰芜存精，移花接木，组成一种艺术品。如果只知死板地按照着事实，依样画葫芦，反而难获预期的效果。

因此素材的处理能力，教师也应该令儿童慢慢养成。养成的方法很多，例如就一件全级儿童共见的事情，于事后由教师领导全体讨论研究。先令儿童逐一提出自认为事情的各要点，然后讨论各要点之是否应该保存或淘汰，强调或略说，并加以必要的组织和补充；在讨论的时候，教师应随时提供指示，并于必要时说明理由。像这样常常练习，儿童对于素材的剪裁能力即不难养成。

上面已经说过，儿童对于各种文体，比较最能写作的是抒情文，这一点，我们做教师的必须明了。儿童因抒情文的写作最能讨好教师，就难免有专向抒情文求进步的意念，这一种意念是应该由教师随时纠正的。因为在学习写作的初期，必须就各种文体做平均的学习，始能获得写作的基础能力。如果专向抒情方面求发展，结果忽略了别种文体的学习，那就入了歧途了。

十二　说明文

　　说明文的性质,在说明某一件事物(外形、内容、作用、特点等),跟叙事文是不同的。因为前者是把事物做静的说明,后者为动的叙述。

　　当然在写作的时候,我们无需将二者做严格的区别,在叙事的时候,尽不妨插入说明,在说明的时候,也不妨插入叙事,但我们在研究儿童写作能力的时候,却宜将二者分别处理,比较方便。

　　下面是儿童的说明文写作成绩:

【例 18】

我的故乡

四年级生

我的故乡是在江苏省的扬州。乡下是山水鲜明的地方，风景很好，村庄上约有一百几十户人家，大都是种田为生活，有的是经商捉鱼和跑生意踱日的。在林子的后面是一座小山，山上有许多树花草。每年逢到春季和夏季的时候，树上长着绿叶，地上结着许多红花，非常美丽。村庄的前面是一条小河，河水很青，河中有小鱼游来游去，真使人开心。城外有伟大的金山寺等名胜。

【例 19】

故 乡

四年级生

我的故乡在安徽省凤台县，村名叫作孙家岗。

我乡的风景很优美。西边有一条小河，河里的水很清。河的左边还有许多的杨柳。右边的河岸上，有一个桃杏园，里面长着百样的花草，芬芳美丽，供应我们游玩和欣赏。

在每天早晨的时候，能到里面呼吸呼吸新鲜空气，活动活动两腿，能够使血液清洁，筋骨强健，是多么的快乐呀。

我乡的出产不很丰富。因为近年来受了大水的灾害很大，人民过不到安乐的日子。

【例20】

猫

四年级生

我家养了一种动物，它便是猫，名字叫巧琳，非常活泼可爱。它的花毛，有白的，有淡黄的，有黑的。它的眼睛有黄的，黑点子，它的脚好像蒜辣子，它的耳朵是尖的。

它的本领很大，能在黑夜里捉老鼠。古言道："小小狸猫好辟鼠。"不要看它小，它能捉老鼠。老鼠们看见它，就逃到洞内去了。它每天吃的东西，是少不了猫鱼的；如果一天不买猫鱼，它一天就不吃了。

我非常欢喜它，每天放学回家，总要抱抱它。

以上三篇说明文，自以《猫》较佳，《故乡》较次，《我的故乡》最劣。按说明文的最大任务，是须把事物说得明白，使读者读后能获得明白的印象。要完成这个任务，写作者对于所写事物的"空间性"自非清楚说明不可。但一般儿童，因其自身缺乏空间的准确观念、结果在作品上，也不免显露了这一方面的毛病。

例如在《我的故乡》中，开始仅说明"我的故乡在扬州"，接着就说"村庄"，就令读者不明这一村庄的方位所在。以后又突然说起"林子"，也未说明"林子"的所在；结果下文所述"林子的后面"，"村庄的前面"，当然都不能使读者获得确切的印象。

在《我的故乡》中，小河的方位也没有清楚说明，因此河的"左边"跟"右边"，也同样令读者莫名其妙。

至于《猫》的一篇，因其所写事物甚小，无须做空间的说明，故弱点未暴露，自然比较可诵。可见儿童写说明文的能力，实仅限于较小的事物，大事物与方位有关者，必待儿童有准确的空间观念之后，始能执笔说明。

空间的准确观念之养成，是教师的任务。教师平时在指导儿童阅读时，凡与空间观念有关的东、西、南、北、上、下、左、右，以及平面、立体、面积、体积等，都必须详加解释和说明。大凡一篇良好的说明文，阅者不难依照其全文所述，画成一幅与原文含义相同的图；

但如说明不够，作图即无法落笔了。因此在指导儿童写作说明文时，这一点也不妨提示儿童。

此外，在说明事物的空间位置时，又必须如招待宾客参观一样，将"说明"做逐步的递进，中间不能脱节。说明的详略固可由写作者斟酌决定，但脱节却必须避免。儿童对此常不加注意，教师应随时指导。

说明文说明的对象，大概不外人、物、地三者。无论哪一种对象，在说明时，又不外从外形或内质两方面入手，其最终的目的，无非要把对象说明得惟妙惟肖，丝毫不爽。说明一个人，要使人读了如见其人；说明一件东西，要使人读了如观其物；说明一个地方，要使人读了，如临其境。要达到这样的程度，当然非儿童力所能及；但基础的说明能力，儿童却不能不有。

写作说明文的又一原则是不但应该说明事物的概念，而且应兼及该事物的特点。例如要说明一只兔子，不但要说明一般兔子所具备的形状，而且还应该说明那一只兔子的特点，如毛的色泽、行动及习性等。如上例《猫》一文之并非十分成功，就因为没有将那只猫的特点详细说明之故。这一种写作的原则，教师也应该对儿童说明，免得儿童暗中摸索，白费工夫。

十三　叙事文

　　叙事文的性质,在叙述一件事情的经过,着重在动的说明。在叙述动的经过时,通常却少不了时间、地点和人物三方面的说明。否则"动"的是谁?"动"于何时何地?读者既无法明了,写作的目的当然也难以达到。

　　因此在写作叙事文时,不但应有空间的说明,而且更应有时间的说明。"时间"与"动作",其间本有非常密切的关系,叙事文的任务既在叙述一件事情的动作经过,则时间的说明当然占着极重要的地位。

　　但儿童本身对时间的观念,也正如对空间一样模糊。试看下例:

【例 21】

开学的一天

三年级生

今天是我们学校开学的一天，我吃过早饭后，便换上了一套很清洁的衣服，向学校走去。刚走进学校的大门，就听见里面同学谈话和笑的声音。我又到操场上去玩，看见许多新同学，我们正在玩得有趣味的时候，忽然听见铃声响了，连忙就排队。等了一时，就有顾老师出来，领我们到礼堂去开会。孙老师做司仪，唱国歌，顾老师报告学校里的事情。报告完了，就散会了。

上例在形式上虽系一篇叙事文，但细读全文，却只有人物和动作的介绍，缺乏空间和时间的注明。在熟悉学校生活的人看来，虽尚能勉强明了其叙述的内容，但如读者是一个从来未进过学校的人，恐难免茫无头绪。因为就空间言，文中所述的"操场"和"礼堂"，固然都在"学校"的里面，但其方位如何，丝毫未有叙述，这是毛病之一。就时间言，在一连串的动作中，作者只用"忽然"一词做时间上的说明，也显然不够。大凡小学儿童，在说明动作的时间时，常用"忽然"一词和"后来"一词，以资搪塞。其实即使这两个词的时间意义非常明显，使用时也嫌不能充分说明，何况这两个词的含义，本就含糊得很。又如下例：

【例22】

爸爸哭了起来

六年级生

　　星期三晚上，我看见爸和妈忙得很，一会儿理箱子，一会儿买东西。吃过晚饭，爸爸不知怎的，突然大哭起来。这一来，更把我弄得莫名其妙了。怎么刚才还很好的，忽然会哭了呢？我就问妈妈，妈妈也哭着说："你祖父死去已多年了，那灵柩老是停在会馆也不好，所以预备把棺材带到乡下去安葬。你爸想起了祖父，才哭了起来的。"那时妈妈的眼睛也湿了。我听了她的话，忽儿多年的事，又在我眼前复演了。祖父临终的时候，他叹了一口气，拉着我的小手，唤着"灵儿！"接着眼就闭上了。唉，那病魔对待我的祖父，太冷酷了，竟把我祖父拉去了！使他永远的离别了人世。那时我不知不觉地扑在慈母的怀抱里，啼哭着。

早晨，爸和妈早已起身，眼睛红肿着，如红葡萄一样。他们吃了早饭，雇了三轮车，将要去了。那时我也想要去，但是怎么能放弃校里的课业呢？真是事与愿违。我在窗口，呆呆地望着，看他们上了三轮车。最后，我喊着："祝爸和妈一路顺风！"

上例的第一节，大体上并无毛病，但第二节的"早晨"却易使读者惶惑不解。如果把"早晨"改为"第二天的早晨"，则不但读者的惶惑可免，文章也前后贯通了。这一个时间上的疏忽，看似不甚重要，其实与事情的发展极有关系，教师应该向儿童说明。

在叙事文中，时间的说明含有两种作用：一种是表明事情发生的时间，一种是表明事情经过的时间。前者具有指示的性质，后者具有说明历时长短的性质。如上例第一节开始说"星期三的晚上"，即指示下文事情发生的时间，是属于第一种的作用。通常儿童对于这一种作用，尚能顾到，事实上在写作的时候，也往往正需时间的说明做一个"引子"，不然文章就写不下去了。至于第二种作用的时间说明，儿童平时大都不很注意，或

以"后来"一词,含糊了之。可是这一种含混的写法,极易削减文章的价值,教师必须加以指正。试看下例:

【例23】

母亲的死(未改)

三年级生

我的母亲,是在1942年死的,她临死的时候,对舅父说过,要把我留在舅父家里;因为我的爸爸赚钱很少,只能自己过生活。当时母亲还说了许多悲伤的话,舅父流了很多的泪,我也在旁边听着。我们谈了一会儿,各自回房去睡,我和舅父睡在一起。在这天夜里,我梦见母亲和我在野外游玩,一同在爬山。我快要爬到山顶时,不料母亲把我一推,我就在梦中惊醒了。我一见舅父没有睡在床上,那时墙上的钟还只有三点半,我想去看看母亲的病,不知如何。跑到楼下,只见外婆拍手跳脚地哭着,原来我的母亲已经死了,我的舅父也是被叫醒的。他看见母亲已死,就忙着料理丧事。我想假如母亲入了棺材,不是永久不能见面了吗?因此我就哭出来了。

上例最值得注意的,是"那时墙上的钟还只有三点半"的一句。这一句不但说明了作者睡觉做梦的经过时间,而且又指示了母亲死去的时间,实具有承上启下的作用,在全文中的作用极大。而且有了这一句,事实的真实性也透露出来了;试将此句删去,则全文的价值,即不免大打折扣了。

叙事文的又一要点,是所叙的事情应有顺序,不能颠倒错乱(小说中的倒叙法是一种变格,但也得说明其为倒叙,始不为病);其间如有变移,必须做必要的交代,儿童在叙述的时候,对于这一点每不经意。如上例《母亲的死》,末了本来还有一段,即犯了这种毛病;著者因与题旨无关,将其删去,现在抄录在下面:

过了几天,我爸爸出门回来了。看见妈妈死了,他很悲伤。在1943年就出去当兵了,直到现在还没有回来,我日夜盼望着他早日回来吧!

上文在"出门回来"与"出去当兵"之间,是一个"变移",这其间,就应该有相当的交代叙述。否则爸爸一会儿来,一会儿去,行踪未免太飘忽,就不近人情了。

十四　议论文

儿童因知识不足,阅历甚浅,且又不知逻辑,大都不能写作议论文。即使勉强写作,也往往是失败的多。不过中高年级的儿童,如果教师能提供写作的题材和内容,并指导写作的方法,则也不妨随时令儿童尝试。下面是两个习作的实例:

【例 24】

怎样做个好孩子（未改）

三年级生

我们要做个好孩子,很是容易,不过要记牢几件事:把从前所做过的坏事,要改过;现在要照下面几件事去做，一定会成为好孩子的。

第一，要在学校里守秩序，和同学和气；第二，要听老师和父母的话；第三，要帮助人家；第四，在家要尽心尽力地做事；第五，读书要用心。

要是我们能做到这几件事，就是一个好孩子了。

【例25】

善与恶（未改）

六年级生

"人之初，性本善。"可是这句话，在现在的原子时代中，似乎已给推翻了。何以见呢？你看世界上的不论大小各国，哪一个不在处心积虑地想毁灭他人？只消一颗炸弹，不是就有数千万的生灵，惨遭涂炭吗？

再看近世人与人之间的关系，可说莫不蒙上了一层虚伪的面具。贪污、诬蔑、倾轧、排挤，极尽其罪恶的能事，在我幼稚的心灵上，"人之初，性本善"，抑或"性本恶"，不禁浮起了一层疑窦。

上例二文，当然有许多毛病，但就大体看来，实可谓已具议论文的雏形。

照著者的意见，以为中高年级的儿童，在抒情文、说明文、叙事文的学习已至相当程度时，不妨开始试学议论文的写法。

在学习写作之先，应该先读几篇议论性质的课文，并由教师说明议论文的特点、写法，以及常用的措辞造句法等。等到儿童对议论文已有相当的认识，然后再由教师提供题材内容，令儿童模仿课文的笔法，开始学习写作。

一般议论的文章，可以分成三种类型：第一种是宣传或倡导性质的，发表的是一己的主张，使别人读了赞成或附从。第二种是辩论性质的，系对别人的主张发表自己的见解；通常因二者之间有矛盾抵触的地方，就必须做详尽的辩论，使自己的见解得以成立；不然则二种意见既无矛盾抵触，后者只能认为是前者的"补充"，就无须辩论了。第三种的文章，既非自己发表主张，也非辩驳别人的主张，乃是避免个人的主观立场，以第三者的客观立场解释一种道理或者说明一种真理，是一种说明性质的议论文。儿童初学写作以第一及第三两种文法为最适宜；第二种文体应该放到最后去学习。像人性善恶的辩论（如上所举例），本非儿童所能胜任，教师以不令写作为是。

说明性质的议论文，如果教师能提供题材内容，并指导其写作的方法，则儿童学习时，当不致感到甚大的困难；但在措辞造句方面，因议论文与别种文体完全不同，儿童常有无从落笔之感，教师即可先举行几次"共作"（即全级儿童在教室内共同讨论写作，由教师在旁指导），待稍知门径，再行个别学习。

议论文以"说理"为其特色，而"说理"是必须有充足的知识、经验和判断能力的。一般儿童，年幼识浅，对此自不能写出良好的文章。但对小学儿童，我们本不应期望他们能写出识见超群的议论文，我们之所以要儿童学习这种文体的写作，目的不过在使他们学会一种基本的格调和措辞造句的方法而已。因此在学习的时候，题材和内容必须现成，不应令儿童操心。

但在平时，教师却应该训练儿童的思考能力、鉴别能力、是非观念、道德观念等。尤其是儿童对于普通的抽象名词、概念常不正确，写作时运用起来，不免闹出笑话。例如，有一个儿童提出"做一个好孩子"的条件道：

（一）待人要有礼貌，（二）对待人要有好的态度，（三）

品行要好,(四)要听老师的话,(五)要有强健的身体,(六)不要和别人赌钱,(七)不要和别人打架,(八)要爱用国货,(九)处处要体谅人家,(十)要尽心尽力地做事。

从这段文字看来,作者对于"品行""礼貌""态度"等抽象名词的意义,实未曾确切明了,所以既说了"品行要好",还要唠唠叨叨地指出要有礼貌,要有好的态度,不要赌钱,不要打架等。其实所有这些条目,都已被"品行要好"一句包括在内了,而且"待人要有礼貌"这句话究竟与"待人要有好的态度"有什么分别呢?

像上述的毛病,即由于儿童对于抽象名词的概念不正确所致。但在议论文中,因抽象名词的使用常较其他文体为多,故毛病也最显见。且议论文常以剖析见解、推断事理为主旨,抽象名词的使用为无可避免的工作,教师平时如不能随时指导阐明,儿童即无法做适切地运用。

至于思考鉴别等能力的养成,是非道德等观念的获得,也有赖于教师平时的训练,此种训练当然非一蹴可及,教师只能日积月累,慢慢地教。

十五　应用文

应用文是人事上实际所使用的文件，都有一定的格式，并有一定的用语。这种文章，因为大都尚在文言文的领域中，没有解放出来，儿童可以学习者不多。因此今日儿童学习应用文写作的，往往只限于书信一种，试看下例：

【例 26】

给哥哥（未改）

四年级生

亲爱的哥哥：

　　自从你回到乡下去，到现在已有三个月了，怎么一封信也不来？父母亲在申，很是挂念。你收到我的信，一定要回信。

现在学校里，第二次月考也已经考过了。我的功课考得还可以。再过一个月，我们学校预备大考了。

现在上海市面很乱，样样东西都涨。我想在放暑假的时候，回到乡下见面。祝你
平安

弟全海下六月四日

【例27】

给表兄（未改）
四年级生

根海表兄敬上：

今天接到你的信，晓得姑母有病，不知道害的什么病，我和父亲非常挂念。这几天可曾请医生诊治过吗？药服过几次？可能见效吗？请你告诉我一声，免得我挂念。现在学校功课很忙，实在没有工夫。现在有鸡一只，鸡蛋二十个，请你收下。隔几天，我一定来看望姑母。

弟朱永昌六月三日

应用文最应注意的是"格式"，教师在指导儿童写作时，也应该把重点放在格式上。其次就书信言，在写信的当时，执笔者当然有某种目的，或请求对方，或告慰对方，则请求告慰的内容正是第二个重点；教师在指导时，也不能忽视。

就上面二例看来，儿童对于书信写作的格式，实在尚未充分明了。特别是"弟全海下"的"下"字和"根海表兄敬上"的"敬上"用得突兀之至，就应用文的观点看来，可就犯了严重的错误。像这种地方，教师如不加意纠正，则应用文写作的指导，不能不说是失败了。至于书信的第二个重点，儿童如别种文体的写作已有相当基础，即不致有大毛病（如上举两例亦然），教师只要随时提醒一下儿童就成。

倒是书信的日期以及信封的写法等，儿童每易疏忽，甚至弄错。教师不但应特别重视，而且应告诉儿童，如果稍有不周，虽是小节，却易成大过。例如一封事情非常紧急的信，如果信尾漏写了日期，收信人接信后必将引起甚大的困惑。教师宜设喻说明，引起儿童的注意。

原来应用的文章，既与人事发生了密切的联系，则文章本身就变成了人事的一部分，虽稍有欠缺，也会在人事上发生不良的后果。例如一封本欲有求于对方的信，有时措辞失当，引起对方读后的不快，则这封信当然不能产生预期的效果。

除书信外，著者以为别种简单的应用文件，也不妨令儿童学习，例如请柬、收据、布告、启事之类，内容简单，并不难学，只要教师能妥为指导，当不致有大困难。

十六　不通和不切题

教师批改作文,最感头痛的是不通的文章;别字跟错字,倒在其次。原来别字错字,改起来比较容易,但一遇不通的地方,改起来就比较麻烦了;有些缺乏耐心的教师,对此就把大刀阔斧的手段施展出来,一勾一勒,省去了不少麻烦,然后自己再替儿童添写了一些新的上去。

这样办,说痛快呢,诚是痛快之至,但一则既非教学之道,二则儿童原有的"不通"毛病,也并不能因此有所改进,以后在作品里,仍会继续出现,使大刀阔斧也奈何它不得。

所以对于儿童作品中不通的地方,我们一定要找出它不通的原因在哪里,然后对症下药,使儿童能自知错误和避免改正的方法。如此则症结既除,在儿童,固得了实益和进步；在教师，以后也可以省去不少批改的麻烦。

儿童文章的不通，可以分开两方面来说：一种是思想无条理，无是非；另一种在思想上原无毛病，却因为不能运用文字，结果也写成了不通的文句。这二者当然都是同样的要不得。现在试举几个例来看：

（一）我生在故乡，我从故乡长大。
（二）春天是我亲爱的日子。
（三）黄浦江里的水，上上下下；水面上浮起来的汽艇和轮船，也跟着江水浮上浮下。
（四）考试对于平时用功的学生是不怕的。

以上共四例。前二例不通的原因，在于措辞造句的不妥，"我从故乡长大"改作"我在故乡长大"或"我从小在故乡长大"，就没有毛病了；"春天是我亲爱的日子"改作"春天是我欢喜的季节"，也就没有毛病了。后二例不通的原因却都在于思想。如第三例说"水面上浮起来的汽艇和轮船"已令人十分费解，而下文却又接着说它们"也跟着江水浮上浮下"，则这些汽艇和轮船，究竟是在"浮起来"呢，还是在"浮上浮下"？这在思想上，就失去了条理。又如第四例"考试"是全句的主语,它"对平时用功的学生不怕",这又是怎么一回事?但这两个"不通",教师都不难推测到儿童原有的意思,改起来也并不难(最好对儿童说明不通的原因,先令儿童自己改正),只要将例三改为"水面上的汽艇和轮船,也跟着江水在一上一下",将例四改为"考试这件事,平时用功的儿童对它是不怕的"就可以了。

有许多不通的文句,基因于儿童之不知词性,随便把词乱用;或者在构造文句时,不知构造的方法(因为不知文法)。例如:

(五)我慢慢地向学校跑。

(六)今天是我学校的开学一天。

(七)唉,贵森,真想不到他这样短寿呀。

(八)母亲生了妹妹,事情忙了,我因为很顽皮,就叫父亲送我到学校里去读书。

以上第五例中,既说"慢慢地"就不宜再说"跑"(应该说走);第七例中,上面既叫了一声死者的名字"贵森",下面就不宜用"他"(宜用"你");至于第六、第八两例，则全是文句构造上的毛病，只要把所用的词前后位置改排一下，就可变"不通"为"通"了。

于此，我们做教师的，就必然会感到要批改儿童作文，自身必先熟悉文法；而且这里所谓"熟悉文法"，又不是机械地能背诵几条造句的法则，则即可应付过去，一定要能够活用文法的各项法则，去诊断各种文句的疾病，然后才能对症下药，使儿童获得进步。

文不切题，也是一种思想上的毛病。这一种毛病表现在文章上，虽不能说是"不通"，却也跟"不通"相差无几。而且所谓文不切题，也不一定是指"题目"，如下面所举的例，也应该认为是一种不切题的文字：

【例28】

黑市票

六年级生

现在市场上各种东西，都有黑市。什么叫作黑市呢？譬如像买米，规定价格的米，卖一千四百元[①]一升的，

[①] 此处所指为民国时期旧币值。

黑市米就要卖一千五百元，这一百元就是他们的好处。

　　星期一课后，我们去看影戏。在戏院的门口，拥挤着好许多人，都是预备看影戏的。其中有一种人叫黄牛党。他们把票子买了来，等到戏院客满时，他们就出来卖给没有买着票子的客人。在这时候，他们就好把票子提高价钱了。（下略）

　　以上两节文字，论内容，所述确为黑市的情形，似乎不成问题。但仔细一看，第一节所述者仅为"黑市"，与题目中的"票"字无关，若要让两节文字并存，则题非改为"黑市与黑市票"不可。再就第一节而论，作者原意在解释"黑市"的意思，文字也似已做到了这一步。可是进一步追究起来，"黑市"的"黑"仍没有解释明白，有文不切题的毛病。此外，全文开头既正正式式提出了"什么叫作黑市呢？"的问题，下文照理该有正正式式的回答才是。但作者却只在以米为例的譬喻上，随便加了一个"黑市米"这个称呼，就算把问题回答了，这也未尝不是文章的毛病。

【例29】

为什么要纪念林则徐

四年级生

在百年前,英国把鸦片运至我国,卖给百姓吃,数量年年增加。林则徐见到鸦片,知道有很大的害处,就禁止百姓吸鸦片。英国因林则徐禁吸鸦片,就与我国开战。林则徐很勇敢地打,终于打退英军,把中华民族从死路上救回来,他又开发西北的地方,实在是一个伟人。所以到六月三日,我们就纪念他。

上例粗看也没有什么毛病。但其实有一个很不小的毛病,出在"六月三日"上面。因为在文章的开头和中间,从不曾提到这个日期。到末了忽然说出"六月三日",就难免令人莫名其妙。当然知道"六月三日"是禁烟节[①]的读者,看了或不致有什么误会,但不知这个节日的人,说不定会误认这一天是林则徐的生辰或死忌什么的。因为作者在说了林氏禁烟之后,不是又说到他开发西北的

[①] 1839年6月3日,林则徐虎门销烟。民国时期把该日定为禁烟节,以此纪念林则徐的壮举。

地方么？这样一说，这一篇文字的重点就从"鸦片"移到林氏身上去了，读者自易发生误会了。

大凡这一类文不切题的毛病，发生的主要原因在写作者于写作时把题意随便忽略之故。因为作者心中无题，笔头也当然不会切题了。这一种切题的习惯，初学写作者应该及早养成。

十七　批改的原则和方法（上）

儿童写作的批改，是一件很值得研究的事情，有许多教师，对于这项工作，做得非常认真，但结果却并不能使儿童的写作有显著的进步。原因是教师把衡量儿童作品的尺度定得太高，觉得文章太差，未免在批改时写下了失望和厌烦的评语，结果遂使儿童对写作一事，兴趣大减，无意努力求进。或者是教师在批改时，求全心切，把儿童的作品改得"体无完肤"，不单是必须改的，连不必改的也全都改了。儿童见了如此批改，一则引起了自惭形秽的感想，二则改动的地方太多，儿童也实在无法接受改进，结果便只得闪避躲藏，更无心思去求进步。

所以教师在批改作品的时候，绝不能只凭一己的主观和好恶，须兼顾到儿童的立场。一方面错误之处固须逐一批改，另一方面还该不断鼓励儿童的写作兴趣。尤其是改动的地方，应该以儿童能理解接受者为限，不宜操之过急。下面是三项批改的原则，可供参考：

（一）**改错** 儿童的作品，不能求其精美，只能求其无错。因为单是错误一项，应改的地方已不在少；若再求精，则全文就往往一无是处了。所以儿童的文章只要能够没有错误，就应该认为佳篇。教师以这一标准去批改作品，不但比较省力，对儿童也较有实惠。

（二）**自改** 作品中的错误，应以儿童自改为原则，除非是儿童不能改的，教师方可代改。因为有许多不通的文句和误写的字，儿童以前曾经读过学过的，也常会因疏忽而陷入错误。对于这种错误，若教师代庖改正，即无异纵容儿童，养成其"不妨错误"的观念。除非由教师于错误处标明符号，令儿童自行改正，则错误方能减少。

（三）**效果** 批改必求效果，即批改之处，必求儿童能接受，能改进。不然教师的精神和气力，岂不等于白费？所以教师在批改时，用字务须浅显，不能好高骛远，教儿童看了莫名其妙。而且每次批改之后，随时须与以后的成绩对照，看儿童是否确有改进，获得批改的切实效果。

兹据黎锦熙先生所著《使用批改符号之实际方案》（见

《国文月刊》五十二期,题名《各级学校作文教学方案》),录其要点于下:

(一)用批改符号,以(1)用红笔,(2)标在字之右旁为原则。所用符号,务求简明,如下:

(1)误字:ㄅ[①](白字);ㄘ(错笔)。

凡通行之行草便体,别体字或简体字(简体字以1935年教育部公布之第一批简字表,凡三百二十四字为限),概谓之"便体",均不以白字或错笔论。但教师对于学生所写之便体字,亦须斟酌情形,于其右旁加红点,而令自行查明其"正体",标写于该行之眉端,两两对照。若便体亦有标书他字,或错写笔画,或系杜撰者,仍须于红点之外,复标以"ㄅ"或"ㄘ"号(右列符号之ㄅ,即"白"字国音之第一字母,"ㄘ"即错音之第一字母。"白字"一名"别字",以其有字为准;"错笔"或系笔误,以不成字为准。此二者之性质与轻重,原有不同,故分用两种符号)。

(2)不通:ㄨ(词句长者,引长其ㄨ,转行者,次行

---

① 以下引用的"ㄅ""ㄘ""ㄨ"等均为民国时期所使用的注音符号,亦称注音字母。与国内现行的汉语拼音效用相通。黎锦熙文中借用其字母为标识之用,并非注音。

重ㄨ）；标点符号不通者，变形作十。

（3）欠妥——（注同前）标点符号欠妥者，变形作一。

凡绝对说不过去者，始谓之"不通"；其犯草率、幼稚、晦涩等病，须修改后始妥帖者，则以欠妥论。

（4）右列不通与欠妥两种符号，均专就文法及修辞而言。

（5）事实错误，大者以不通论，小者以欠妥论，则于两种符号上再加"ㄕ"为记，即ㄕㄨ或ㄕ一（ㄕ即"事"字之国音字母）。

（6）思维错误，大者以不通论，小者以欠妥论，则于两种符号上再加"ㄙ"为记，即ㄙㄨ或ㄙ一（ㄙ即"思"字之国音字母）。

（7）一般错误：？（未明），く（有漏），S（颠倒）等。

右列之一般错误，多由匆促慌张所致，但教师仍须斟酌轻重。于不应原恕者，复标以"ㄨ"或"一"号，以便统一扣分。

（8）以上各种批改符号中，只以四种为扣分之标准。即误字两种（ㄅ、ㄆ），文理两种（ㄨ、一），标点符号变形为十、一，亦应扣分。其余如不复标此四种符号者，即不扣分。

（二）教师于眉端，或篇末，仍可随意加批语。唯文中应改之处不可遽改，必须一律先用色笔照上列符号仔细标明，以凭学生反省自改。

（三）标明符号后，发还学生自改。(1) 用墨笔，(2)改在字之右旁,限期改毕复交,然后核正记分(复核时,始为正式批改,即凡自改不成与改得不对之处,再予订正。如遇文中佳处,仍可随意加圈点）。发还誊清。

（四）每作文一次，由教师于下次作文前制就全班"四种错误表"如下：

(1) 字体错误表

(2) 文法错误表

(3) 事实错误表

(4) 思维错误表

每表（1）记出实例，(2) 分析其错误之原因。

（五）前条"四种错误表"，应于每次作文批改后，即将材料分别登记，以资汇制；可令学生于"发还誊清"时间内，各将所作篇中"错误"及"订正"并原文"实例"，分别照录于小纸片。每个错误为一行，每种符号为一纸，当堂交齐。教师即加整理（用剪贴法），汇制为"四种错误表"，于下次作文前公布。

附注：此项小纸片，可印成五栏。最上一短栏为"作文次数"，但记一数码，表明为第几次作文。次栏为"订正"，照录句中订正之字。三栏为"错误"，照录原文错误之字。四栏为"实例"，摘抄原文。摘抄时应注意：（1）"误字"但举一词，如"己"误作"已"，实例中可举"自己"一词。（2）误字如系错笔及不成体，可不举例。（3）不通者录其有关之语句为实例。（4）凡所举实例，其中误处及订正之字，因均已分列于上两栏，实例中只需作一短线，如"自己"可写作"自—"。（5）字句相同之错误，可于错误栏中字之右上角添注"2、3……"等码，记出次数。（6）标点错误，只分别记明次数。以上六点登记手续，教师须予训练，俾臻熟习。五栏为"备注"，备教师分类归纳之用。又纸片之表格线外，上填"批改符号"，如"ㄅ"为一片，"ㄆ"为另一片，下填学生姓名；每片用完，换发新片。如此，登记完毕后，连卷缴呈。

（六）每一学生之错误，教师另须分项逐次登记，以备以后随时查考。唯相同之错误发现两次以上时，须予以递重之警告。

十八　批改的原则和方法（下）

在上节中，著者讲述儿童作文的批改问题，还只谈到一个"改"字，尚未述及"批"字。现在续谈"批语"。

通常教师在修改儿童作文时，常就文章的形式和内容加写批语，几乎已成了一种风气。这种"加批"的办法，本旨在使儿童得益，当然值得提倡，无如有许多教师，又会把这种办法误认为"装点门面"的事情，结果就变成毫无意义了。其实教师如能善用"批语"，对于儿童的写作确有莫大的帮助。

批语分"眉批"和"总批"两种，都写在文章的外围。写在文章上方（即作文簿上方空白眉端）的叫"眉批"；写在全文后面的，叫"总批"。照一般的习惯，眉批的对象常为文章的片段，总批的对象是全篇文章。

眉批因对象为文章的片段，故常写在该"片段"文章的眉端，至其所述，大都为写作的技巧或文法问题。总批则就全篇文章做概括的批评，举凡文体、结构、思想等，都属总批的范围。

就"加批"的难易来说，眉批与总批本来无甚轩轾。可是有些爱取巧的教师，却常只加总批，不加眉批。而所加的总批呢，又往往信笔写去，抓不着原文的痒处。有些甚至自"装点门面"的见解出发，认为加批是教师显露才学的机会，不惜殚精竭虑，写下一些不着边际的辞藻，如"笔势如长江大河，一泻千里"之类，以自鸣其得意，按其实际，却完全牛头不对马嘴。

像这样的总批，有了等于没有，对儿童当然无甚好处。因此就儿童的立场来说，空言无物、不着边际的总批，殊不及切实的眉批为实惠。

著者对于这两种批语的意见，是这样的：

眉批的范围，不妨规定为"字""句"及"段"。加批的时候，宜以文法为主，旁及其他。

总批的范围，自以全篇为准。加批时宜以章法、结构及思想为主，旁及其他。

此外，教师在"加批"的时候，还应该注意下列各点：

（一）批语须能使儿童理解

教师在作品上写批语，当然是预备给儿童看的；故所写的批语，万不宜舞文弄墨，自炫才学，应该力求浅近明白，务使儿童能够接受。如"文笔清丽""思想高洁"，甚至"高瞻远瞩""文情并茂"之类，儿童不能了解，实在大可不必。我们与其这样写，还不如老老实实地写下一些"思想有条理""文字不浪费"等句，较有意义。

（二）批语须针对作品的原文

笼统含糊的批语，固不能使儿童明白何所指而云然；就是清楚明白的批语，也必须斟酌使用，不宜随便谬赞。明明是一段很拖沓的文字，你若批"文字不浪费"，则岂非鼓励作者还可以写得再拖沓些？明明是一篇缺乏条理的文章，你若批"思想有条理"，则儿童将永远不会明白"条理"一词的含义了。须知儿童对于教师的批语，如能看得明白，一定是非常尊重的，但如教师无的放矢，指鹿为马，那就不免令儿童于茫然之余，引起轻视了。

（三）不可过抑或过奖

照理说，儿童作品当然是缺点多于优点的，批改的目的则在鼓励其优点，减少其缺点。缺点欲求减少，自然不得不指摘；但如一味指摘或指摘的缺点太多，实足以减杀学习求进的兴趣。因此指摘的时候，教师的措辞要委婉，而且即使缺点甚多，也不宜一气指摘出来，令儿童改不胜改。应该先择其大者要者，逐次令儿童改进。

在指摘缺点之际，最好能同时指出一些优点，以资调和。儿童大都有好胜的天性，这种好胜心，正是进步的动力之一，宜培养而不宜摧残；故如一味指摘缺点，难免使儿童的好胜心受到打击，应行设法补救。

反之，如过度夸奖儿童，又易使儿童发生自满及骄傲，故应同样避免。

总之，不论是眉批或总批，要使儿童获得实惠，一方面要批得切实，一方面又须批得明白。就"切实"言，教师自必须熟悉国语文法，然后方能诊断出文章的毛病所在，方能条分缕析，解剖毛病的症结所在，指出改进的方法。否则教师就只能说文章不好，却说不出不好在什么地方，结果乃写下一些隔靴抓痒的批语。就"明白"言，批语的措辞造句，固应力求浅显，万一无法做到，则不妨以"个别谈话"补救之。

要研究文章的好坏，不能不先熟悉国语的文法；不但教师应该熟悉，就是儿童也应该知道一些。例如教师写一句眉批"美丽不能作动词用"，如果儿童不知"动词"的意义,这一句眉批怎能明白呢?可见儿童也必须有初步的文法常识,至少像"动词""名词"等的意义,应该知道。

这一种文法的初步常识,教师对于中高年级的儿童,最好能常在国语课中随时讲述一些。材料不要太深,只要教一些基本常识就够了。

其次,我们再来说一些作文教学的"个别谈话"方法。原来举行个别谈话,有两种好处:一种是得以因材施教,另一种是可以补充批语之不足。每级儿童,各人的写作能力当然是参差不齐的,因此教授时故不妨实行班级教学法,指导时却最好实行个别谈话。在实行个别谈话的时候,教师可以根据每一儿童的平时成绩,就其长处及短处,做适宜的指示。至于"批语"中有儿童难解的地方,也可以对之做必要的补充说明,务使儿童彻底明了,全盘接受而后已。

最后,著者还得提及一下"作文的量表"。"作文的量表"前曾由商务印书馆出版,供教师评定儿童作品优劣时做依据。但这种量表在实际使用的时候,还有许多困难,故今日教师大多摒弃不用。其实呢,如果此刻有一种理想的新量表,正是每一个教师必备的工具。因为有了量表，教师评阅儿童作品时，既可不致全凭各人主观，且能借此明了自己所教的儿童，其写作能力比较一般的水准如何。

据著者个人的私见，一个理想的新量表应该分为抒情文、说明文、叙事文、议论文、应用文五大类。每类包含十篇至二十篇的示范作品，每一作品都未经教师修改，批定的分数，应分思想、结构、段落、文句、措辞五项，每项二十分，总计一百分，并说明六年级儿童至少应得几分，五年级儿童至少应得几分，直至二年级为止。

新作文量表的制造，实非私人所能胜任。必须由支持全国小学教育的机关，从事于此，始能制成，不知我国教育当局是否有意于此？

十九　错字和白字

儿童作品中的错字和白字（别字），是写作上常见的两种毛病。这两种毛病，教师当然不能听任其存在，应该设法改正。通常改正的方法，一种是由教师划去代改，一种是先由教师标明符号，令儿童自省改正，如儿童不能改正，则再由教师订正。

以上两种方法，当然是后一种比较好些。因为若教师一见即予改正，儿童每不加注意，虽加注意，也不会留下深刻的印象，以后仍不免重犯错误。若先令儿童自行修改，然后由教师再加订正，则就学习心理说来，儿童所得的刺激较强，犯错误的可能性自亦较小了。

但著者还要加上补充的是，任何错误，任何毛病，若能探得其致因的症结，然后设法对症下药，其效果当比单是订正的治标办法更大。例如儿童误写了一个"展"字，若由教师订正，或由儿童自行查阅课本，应作"展"字，则儿童心中，至多亦只能硬记"展"字应如此写法而已。但如教师在发现"展"字的时候，研究其错误的致因，实为受了"衣""表"等字下半部的暗示，即不妨指示中国的文字"衣""表"等写法是一群，"展"字不属于这一群，是属于"丧""畏"等一群的。这样一来，儿童即知原来有两种区别，所得的印象自然更深刻了（中国文字的构造，研究"小学"者类能原原本本道其所以，但教师对今日儿童的指导，却不必像"小学"专家的研究那样深入）。

现在先将儿童作品中常见的错字，举例说明如下：

"武""試""弌"等——受"成""或"等字影响所致
"豫""預""序"等——受"矛""務"等字影响所致
"神""福""祚"等——受"衫""袖""初"等字影响所致
"猴""餱"等——受"候"字影响所致
"律""役"等——受"仁""伸"等字影响所致
"含""念"等——受"令"字影响所致

"錫""賜"等——受"場""腸"等字影响所致

"猷""欨""𭃂"等——受"款""歎""歡"等字影响所致

"直""貞"等——受"明""朋"等字影响所致

"迎""卬"等——受"卯""柳"等字影响所致

"轉""傳"等——受"傅""溥"等字影响所致

"歡""歎"等——受"故""敵"等字影响所致

"步"——受"少"字影响所致

"盡"——受"書"字影响所致

"商"——受"滴"字影响所致

"敵"——受"商"字影响所致

"虐"——受"雪"字影响所致

"忖"——受"忖"字影响所致

"覺""學"——受"舆"字影响所致

"奮"——受"舊"字影响所致

还有一种左右两部分对调的错字，举例说明如下：

"咲"——受"吃""呵"等字影响所致

"䑏"——受"服""肌"等字影响所致

"郯"——受"邻""郑"等字影响所致

其次，我们再来研究一下白字。儿童作品中的白字，常较错字为多。把那些白字归纳研究起来，大致可以分成两类。一类是个别的误写，甲所写的白字，在乙、丙等的作品中并无发现；乙所写的白字，在甲、丙等的作品中并无发现；另一类是普遍的误写，是多数儿童共犯的错误。

个别误写的白字，据著者推测其成因，或者是由于写作者偶然的误写，或者是儿童在想不到原来的字时，明知错误而仍旧写下去的。但也有一部分老实的儿童，只写下原字的一部分，因为他已记不起原字的全貌。例如：

他们（那）了许多钱去买玩具。
一个小（毕）三，抢了人家的东西。
他没有（拳）力可以干涉。

像这一类的白字，可能是因为原来的字笔画太多，儿童想不出写法，不得已胡乱凑上一个同音字去搪塞。但有时原字的笔画并不多，儿童因根本记不起它的形状和写法，随便代以一个同音字的：

我（出）了脚，做那拖洗地板的工作。
雄鸡（升）长了头颈，喔喔地叫。
他学（文）虽好，但品行不好。

这一类的白字也颇为常见。又如：

肺（劳）病很可怕。
他已经（取）了妻。
快乐是（建）康之母。

这一类的白字，恰好为原字之一部分。大概当时儿童虽然想不出原字的全貌，却还有一些印象，当然是因为儿童对原字尚未写熟的缘故。又如：

他真是一个（辛）福的人。
远处有一（坐）很高的山。
（他）是一个很能干的女人。

像这一类的白字,当由儿童偶然疏忽所致。

个别误写的白字,基本原因不外:(一)阅读时不仔细,(二)写作时疏忽,(三)生字的书写尚未至熟练的程度,(四)记忆力薄弱等。其中记忆力一项应另行补救外,其余各种原因,均不难借人为的努力补救之。

至于普遍误写的白字,则可以分成下列几群:

(一)同音字。例如:

先生的话,我们要记(老)。
树上的蝉,不(定)地叫着"知了""知了"。
没有喝够它们所(须)要的水。

(二)形似字。例如:

大家分队出发募(损)。
你这人老是鬼鬼(祟祟)的。
富翁家里,天天(晏)会。

（三）义似字。例如：

两个人（辨）论得面红耳赤。
别的功课都及格，唯有算术一（课）不及格。
当心，别踏着了我的脚（根）。

（四）受一般世俗影响的白字。例如：

听说他的病，非常（利）害。
每月所得的薪金，只够（胡）口。
（另）碎的部分，不再计较。

上例各群白字，教师也应该对症下药，对儿童做必要的说明。说明的方法，可先就原字与白字的意义分别说明，然后再举例明其用法。兹述于下：

像、样、象 两物相似叫作"像"；物品的大小形状，叫作"样"，又两物相同叫作"一样"；单指形状，叫作"象"。例：

图中所画的桔子，像真的一样。

壁上一幅照相,原来是他的遗像。旁边还有一幅画,题着"老鸭造象"。

会、回、为 "一会"指时间;"一回"指次数;会不会就是能不能,为不为就是做不做。例:

他模仿了一回,停下来休息一会说:"为了他,才学这种字体,却总是学不会。这件事只得放弃不为了。"

都、多 "都"指全体;"多"指全体中的大部分。例:

大家都喝了,你怎可不喝,多难为情呀!

这一仗打下来,敌人大多战死,逃走的极少。现在那些尸体,大都埋葬完毕了。

错、差 "错"是说不对;"差"是说不够。例:

他说"差不多",这句话就说错了。

终、总 "终"是事情终了;"总"是情况不变。例:

每次去访他,总没有见面,但只要不灰心,每天去一次,终有一天会见面吧!

又、也、有 "又"有"再"的意思;"也"有"同"的意思;"有"是"无"的反面。例:

他有钱,又有势,你也有这些吗?

才、就 "才"有嫌对方迟到的意思;"就"有说早的意思。例:

大家都等着你一个,你到此刻才来。现在,我们快出发吧。

吃、喝、吸 "吃"指固体;"喝"指液体;"吸"指气体。例:

吃完了饭,再喝茶,末了又吸一支烟。

陪、赔、倍 "陪"是相伴;"赔"是偿还;"倍"指数量。例:

我陪你去向他评理,一定要他照原值加倍赔偿。

折、拆、析 "折"是减少;"拆"是将原来的配合一一分散;"析"是就原物的成分彻底分剖。"拆"的动

作较粗略,"析"的动作较精细。例:

这凳子既已折断了一只脚,索性把它拆开了当柴烧。
把这段木材分析起来,一定有好几种成分。

坠落、堕落　"坠落"是指实物的落下;"堕落"是指没有形迹的下沉。例:

果实成熟后,坠落至地面上。
自从交了那个朋友之后,他就堕落了。

须要、需要　"须要"是说"应该";"需要"是因"缺乏"。例:

既然需要本领,那就须要努力学习。

二十　标点符号

白话的文章是不能没有标点符号的，因为标点符号是文章的重要部分。在写作的时候，每一个写作者应该随时随地能运用标点符号，不应等全篇文章写好以后，再加标点。

但今日的儿童，多数在写作时不能使用标点符号，或虽使用而往往错误，这当然是一件很值得注意的事。著者推测这种情形的成因，主要的是当下正处于新旧文体交替并存的过渡时期，一些教师对标点符号的作用尚未引起重视，认为这种东西不过是白话文章的点缀品，可有可无，与其花费了许多精力去指导儿童使用，结果却错误百出；还不如索性不教，让儿童专写文章，写成了由教师加标点。

假使这一种推测不幸言中，则著者就不能不说是教师的错误和浅见了。"因噎废食"，不就是这样一回事么？

指导儿童使用标点符号，原是一件很轻易的工作，但要养成儿童写作时准确使用标点符号的习惯，却有待于教师平时不断地督促和鼓励。这些工作虽然似乎觉得麻烦一些，都是我们教师应负的责任。

著者以为标点符号虽然种类不多(一共只有十几个)，但指导儿童使用时，却不妨分为三个阶段：低年级为第一阶段，中年级为第二阶段，高年级为第三阶段，指导使用的标点符号，宜从最主要的开始，渐次及于比较次要的标点符号。试分列如下：

第一阶段（低年级儿童学习使用）

  逗号（ , ）　一句未完时使用

  句号（ 。）　一句已完时使用

第二阶段(中年级儿童学习使用以前两种继续熟习)

  冒号（ : ）　下文分列时使用

  问号（ ? ）　表示疑问时使用

  感叹号（ ! ）　表示惊叹时使用

  引号（ " " ）　表示引句时使用

第三阶段(高年级儿童学习使用，以前六种继续熟习)

分号（；） 分开并列小句时使用

省略号（……） 表示省略时使用

顿号（、）短距离间隔时使用

括号（（）） 表示注解时使用

破折号（——） 表示转变时使用（直线居中）

书名号（《》） 表示书名时使用

单引号（''） 表示引句中的引句

间隔号（·） 表示日期和人名之间的间隔

着重号（过马路的小学生） 表示文章中需要强调的内容

儿童在学习使用标点符号的时候常见的错误有下列数种：

（一）**句号及逗号的误用** 儿童在使用句号及逗号时常犯错误。错误的原因并非在儿童不能分别二者的用法，而是不能区别被标点的文句的性质。即究竟是怎样的一句算"一句"，可用句号；怎样的一句只能算"半句"，可用逗号。

教师在明了儿童误用这两种标点符号的原因在不知"句"的意义时，就应该向儿童说明"句"的意义（文法上的意义），并举实例加以指示。如果仍不明白，不妨再摘录一些课本以外的文句，大家来讨论应该如何标点。经如此反复练习之后，儿童至自己写作时，自然能准确运用了。

（二）引号及复引号的误用　儿童在使用这两种引号时，常陷于有头无尾的错误。即在引句的开端，加上一个"或'，但另一个"或'，却往往遗忘使用，使读者不知引句究竟至何处为止。这一种错误的造成，完全因儿童疏忽所致，教师只要不放松地督促几次，就不难改正。

（三）省略号的误用　少数儿童在知道省略号的用法之后，常会滥用这一符号以藏其拙。每遇文章写不下去的时候，即以"……"搪塞之，反把这一符号的真正价值掩盖了。

在发现儿童有这种行为的时候，教师即应与该儿童做个别谈话，说明省略号只能偶一使用，所省略的部分必须确是可以省略的，万不能随便滥用。这一种误用，主要的原因也在儿童的"取巧"，是行为上的问题。

经过教师恳切详明的指导之后，儿童就有准确使用标点符号的必要认识。一方面教师切不可任令儿童胡乱使用，不予注意；如果在文章中仍有误用或未加标点，即应扣分，并予以必要的告诫。

一般儿童在写作时，有一个很普遍的毛病，那就是草率敷衍，不肯精心结撰。因之文章的文字既写得非常潦草，遗漏的文字或标点也屡见不鲜。像这样在"草率"中求进步，进步当然不易获得。因此我们做教师的，必须设法纠正儿童这一种不良的态度，使大家把"写作"当作一件正经而重要的工作，认真而仔细地学习。标点符号使用之督促，除了使儿童学会符号本身的用法，还含有纠正儿童草率将事的态度之意义！

一九四七年八月四日写毕

文章在案,春风入怀

——"如沐春风作文课"编后记

沐绍良(1912—1969),原名沐赓祚,浙江慈谿县城孝中镇(今宁波市江北区慈城镇)人。

沐绍良先生曾经撰文回忆自己幼年的读书经历,六岁开蒙,受过私塾和学校两种教育。在私塾读书时,他虽然还不知道读书的方法,但能记住老师教课文时的"声音",背书很快,被老师称作"神童"。可是,"因为课本读完得太快,竟意外地引起了父亲的烦恼。那时候家境清寒,要买新书,在父亲似觉不胜负担。"[①] 所以,在宁波四中读书时,沐绍良的"大部分学费是靠自己向《学生杂志》《儿童世界》《少年杂志》等刊物投稿得来的稿

---

① 沐绍良:《神童诗和"神童"——儿时印象琐记之一》,《宁波人》,1946年,第4期,第17页。

费弥补的"[1]。宁波四中盛行民主，原校长、近代教育家经亨颐先生倡导人格教育，还聘请夏丏尊、朱自清、许杰等至该校任教，民主与自由的浓厚氛围绵延赓续，沐绍良进入该校就读后，在此接受了新文化、新思想的熏陶，他要求进步，积极地参加了中国共产主义青年团，后因参加革命活动遭受追捕，被迫离开家乡。

19岁的沐绍良自浙江上虞春晖中学肄业后，来到浙江省镇海县灵山小学，当起了一名小学教师。年幼的周大风曾在他的班上就读。多年后，已成为著名音乐理论家、作曲家的周大风，对他的"小先生"沐绍良仍津津乐道——沐绍良不仅指导他们编演幻想短剧《火星人》，还为他们讲解物理、生物等知识。广泛的知识面，不拘一格的教学形式，以及年轻朝气的状态，让沐绍良在学生中颇受欢迎。在此期间，沐绍良摸索教育方法，自学教育理论，还自修日文。他或许还未曾想到，这些出于兴趣的学习活动，为他日后从事儿童文学写作和翻译自然科学作品奠定了牢固基础。

1933年，应春晖高中时的业师夏丏尊先生的邀请，

---

[1] 张介人：《现代作家、翻译家、编辑家沐绍良》，《古镇慈城》（合订本），2011年，第21期，第12—13页。

年轻的沐绍良至上海开明书店工作。这一阶段，沐绍良以"读写故事"为题，在《中国儿童时报》上连载指导儿童写作的文章。他列举写作的二十四个要点，以故事的形式讲授阅读与写作的方法。这些文章刊载后，好评如潮。1936年12月，"读写故事"系列文章被结集成册，定名为《读和写》，由开明书店出版。在《读和写》的自序里，沐绍良感慨地说到，他的创作源自"过去数年小学教师生活的旧梦"，他对此"恋恋不能忘情"。

1936年，沐绍良以自修的日语考入上海商务印书馆，担任编译员，从事日文图书的翻译与编辑工作。他参与翻译《世界各国之食粮政策》（日本农林省米谷局编，商务印书馆1937年3月出版），独立翻译了《中国北部之药草》（石户谷勉著，商务印书馆1946年2月出版）。

沐绍良先生在自然科学作品的翻译上卓有成就：

1936年至1937年，沐绍良编译了《植物图谱》《鸟类图谱》《昆虫图谱》《观赏植物图谱》《鱼类图谱》，被收录在王云五、周建人主编的"中学生自然研究丛书"中。王云五主编的"万有文库"，收录了沐绍良翻译的《医学史话》（石川光昭著，商务印书馆1937年6月出版）、《动物哲学》（拉马克著，商务印书馆1937年3月出版）；

"汉译世界名著丛书"收录了沐绍良翻译的《大陆移动论》（惠格纳著，商务印书馆1937年6月出版），系该书首次在中国面世。在王云五、苏继庼主编"地理学丛书"时，还收录了沐绍良翻译的《人口地理学》（石桥五郎著，商务印书馆1938年4月出版）。

著名翻译家李俍民先生也曾受教于沐绍良。《鹿童泪》是李俍民翻译的第一部小说。本书亦名《鹿苑长春》，是美国女作家罗琳斯创作的长篇小说，曾于1939年获得普利策奖。然而，李俍民译出此书后，却被众多出版社拒之门外。沐绍良读完李俍民的译文后写下序言："我不禁对本书的原著者和译者，引起了同样的钦佩和敬意。"在沐绍良的热心引荐下，1948年，《鹿童泪》终由新纪元出版社出版。李俍民从此正式走上翻译之路，译成《牛虻》《斯巴达克斯》等脍炙人口的作品。

从事翻译之余，沐绍良先生坚持为儿童写作。在《新儿童世界》《中学生》《开明少年》《学生杂志》《春晖学生》等报刊上发表了数十篇谈写作、谈教育、谈人生的文章，既有议论文，也有童话故事。1948年2月，沐绍良的《怎样指导儿童写作》由商务印书馆出版，并被列入"民国教育文库"。沐绍良认为，儿童青少年写作能力的高低与语文教师的教育指导密切相关，尤其是小学里的语文教师，更要在小学时代使儿童的写作基本能力得到养成和健全。他在书中给予教师细致的写作教学指导，并结合儿童写作中常出现的问题，分析了儿童心理、问题成因及切实可行的解决方法。

沐绍良先生的爱人方健明，曾以"林淑华"之名发表了自传体小说《生死恋》。在张爱玲、林徽因、冰心、苏雪林等一众民国女性作家中，"林淑华"也因为这本追寻纯真爱情理想的《生死恋》而格外耀眼。1949年8月，沐绍良、方健明合著了《写作指引》，在大成出版社印行。两位作者具有丰富的写作经验，因此在《写作指引》中，他们以青年们的写作通病为对象，以青年们能实践、能接受的写作方法为材料，并提出："文章的材料要从现实中去选取。取得的材料，应该再加以剪裁和合理的发展，一定要加工以后，才可能把它写入文章。"

20世纪50年代后，沐绍良调至北京商务印书馆工作。一家人后移居德胜门附近的三不老胡同。北岛先生的随笔集《城门开》中，有一节讲述"三不老胡同1号"，曾提及沐家。沐绍良因为长年病弱和政治风波，于1969年去世。

沐绍良的幼子沐定胜先生现也年逾古稀。2022年秋，在得知西苑出版社有意为其父作品集成文集时，将父亲的遗作手稿，写于1964年的《语文课外活动丰收记》交予出版社。这本十万余言的小书，沐绍良用清秀的笔迹，整洁地写在方格稿纸上。本书讲解行文造句所涉及的各种词类的结构和使用方法。全书所述的，主要是名词、动词和形容词的构词法（也谈到代词和数量词）。除了这些实词，还扼要地介绍了关系词等虚词，但有意识地避开不提"虚词"等青少年们不易理解的术语。为了引起青少年们阅读的兴趣，作者再次采用故事体的形式来表达，其主要目的并不在于提供一个动人的故事，而是利用故事的形式说明汉语语文的规律和有关的知识，堪称《读和写》的续集。

《读和写》《写作指引》问世后已经被多次重版，《怎样指导儿童写作》自初版后尚未经重版；而《语文课外活动丰收记》更是在书箱中静候了近一个甲子，终得首次整理问世。书中的"陈老师""梁先生""学文""觉明"等人物，或许就是六七十年前的沐绍良和他教过的那些学生，或许也是今天的语文教师和对写作感到茫然、无从下笔的你我。沐绍良是从生活经验里讲文法、谈写作，因此不免有深刻的时代文化烙印，也脱离不了当时的语言环境。为了便于今天的小读者们读懂和接受，也为了适应现在的语文教学及考试要求，我们对文本做了适度的修改，文本中的错讹漏衍之处皆已径改。那些今天读来不明就里，以及不应与现代汉语语法相出入的文字，我们将其保留在原稿中，作为沐绍良先生亲友和那个时代的珍藏与纪念。

"沐"，《说文解字》释为"濯发也"。《康熙字典》释有"润泽之意"，"溟沐，细密之雨也"。此姓，此文，总让人联想起《论语·先进》："莫春者，春服既成，冠者五六人，童子六七人，浴乎沂，风乎舞雩，咏而归。"据周大风先生回忆："沐绍良先生还常带我们到附近农村去，且会在实地见闻中讲起各种知识。"因此，当《读和写》《写作指引》《怎样指导儿童写作》《语文课外活动丰收记》重聚时，我们决定以"如沐春风作文课"为此套丛书命名，并请沐定胜先生为每本书题签，以成文风延续之美。

在文字的春意里，漫山花朵绚烂，"等闲识得东风面，万紫千红总是春"；河岸垂柳摇曳，"沾衣欲湿杏花雨，吹面不寒杨柳风"；一江春水微澜，"春水碧于天，画船听雨眠"；檐下燕子衔泥，"无可奈何花落去，似曾相识燕归来"。"如沐春风作文课"，正是让写作如同春风般和暖，以唤起文字的勃勃生机。

桃李春风，皆是案头文章。

樊　颖

2023年6月1日

于和平街11区37号楼